사용자 입장에서 생각해 보는 RPA 이야기

성공적인 RPA 플랫폼 구축 A to Z

저자 이석배

YoungJin.com Y.
영진닷컴

사용자 입장에서 생각해 보는 RPA 이야기

성공적인 RPA 플랫폼 구축 A to Z

ISBN : 978-89-314-6525-9

독자님의 의견을 받습니다.

이 책을 구입한 독자님은 영진닷컴의 가장 중요한 비평가이자 조언가입니다. 저희 책의 장점과 문제점이 무엇인지, 어떤 책이 출판되기를 바라는지, 책을 더욱 알차게 꾸밀 수 있는 아이디어가 있으면 이메일, 또는 우편으로 연락주시기 바랍니다. 의견을 주실 때에는 책 제목 및 독자님의 성함과 연락처(전화번호나 이메일)를 꼭 남겨 주시기 바랍니다. 독자님의 의견에 대해 바로 답변을 드리고, 또 독자님의 의견을 다음 책에 충분히 반영하도록 늘 노력하겠습니다.

파본이나 잘못된 도서는 구입처에서 교환 및 환불해 드립니다.

이메일 : support@youngjin.com

주 소 : (우)08507 서울시 금천구 가산디지털1로 128 STX-V타워 4층 401호

STAFF

저자 이석배 | **총괄** 김태경 | **진행** 성민 | **디자인·편집** 이주은

영업 박준용, 임용수, 김도현 | **마케팅** 이승희, 김근주, 조민영, 김예진, 채승희, 김민지

제작 황장협 | **인쇄** 제이엠프린팅

이 책에서는 RPA Robotics Process Automation 프로젝트를 추진하면서 사용자의 입장에서 가장 편리하고 유익한 방향을 고민하는 내용을 담아 보았습니다. RPA가 국내에 소개된 지도 4년이 넘었지만 아직 RPA를 경험하지 못한 기업이 많이 있습니다. RPA의 신규 도입, RPA 업무의 확대 혹은, 더욱더 RPA 업무를 잘 운영하고자 할 때 어떠한 점을 고려해야 하는지를 고민하고 결과를 찾아가는 과정을 담아 보았습니다.

우선 이 책에서의 유용한 정보를 나누고자 하는 대상 독자는 다음과 같습니다.

1. RPA를 최초로 도입하고자 하는 회사의 기획 담당자
2. RPA를 도입하는 회사의 RPA 사업 프로젝트 매니저
3. RPA 도입 회사 내 RPA C.o.E(Center of Excellence) 조직원
4. RPA 사업을 영위하는 사업체의 리더급 직원
5. RPA 벤더나 RPA 개발을 담당하는 직원 중 사용자 니즈의 정확한 이해가 필요한 직원

이 책에서 제시된 내용이 각 기업에서 그대로 적용해야 하는 정답은 아니지만 사업 추진 시에 고려할 수 있는 요소를 최대한 도출하여 함께 고민함으로써 각 사에 맞는 최적의 RPA 도입 전략 및 운영 방안을 수립하는 데 도움이 될 수 있을 것이라 기대합니다.

또한 RPA 기술의 전략적 활용과 이를 통한 비즈니스 측면에서 새로운 해법을 제시하는 솔루션 디자이너의 역할 수행에 대한 내용도 중점적으로 다루어 보았습니다.

기업마다 혁신에 대한 간절한 필요성이 상존하지만 경영이나 기술 측면에서 완전히 새로운 기술이나 생소한 내용을 선뜻 도입하기는 쉽지 않은 일입니다. RPA와 같이 시장에 소개된 이후 즉각적으로 뜨거운 관심을 받는 소프트웨어를 접하는 것도 흔하지 않지만 어렵지 않은 특징을 가진 RPA 소프트웨어가 시장에 보편화된 방법론으로 정립되는 데 많은 시간이 소요되는 것 또한 이해하기 쉽지 않은 상황입니다.

본 도서에서는 RPA를 도입하고 운영하는 데 가장 핵심적인 역할을 하는 사용자 관점에서 RPA 도입 프로젝트를 수행할 수 있도록 함으로써 투자 대비 효과를 극대화할 수 있도록 하는 방법론을 제시하였습니다.

사용자 입장에서 고민하고 조금 더 혁신적 서비스를 만들고자 노력한 내용을 공유함으로써 RPA 프로젝트 수행과 운영을 하는 기업들과 담당자분들에게 조금이나마 도움이 되고자 합니다.

2021년 저자 ✦ 이석배

■ 제시된 3가지 모델의 이해 & 내재화

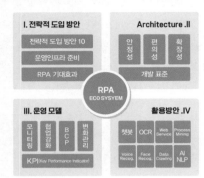

1 제시된 방법론과 모델 이해
- 도입 방안
- 프로젝트 추진 방안
- 운영 모델
- 활용 모델

2 해당 회사의 자원 및 현황과 비교

3 수정 혹은 변경 사항 도출

4 해당 회사에 맞는 방법론 수립 & 내재화

■ RPA 소프트웨어의 비교가 아닌 활용 중심

1 RPA 소프트웨어의 장단점 비교가 아님

2 일부 소프트웨어의 제약 사항에 대한 설명은 제품에 대한 평가가 아닌 해당 제품을 활용하여 제약 사항을 극복한 사례 설명임

3 각자 회사에서 선택한 RPA 소프트웨어를 기준으로 상기에서 제시한 방법론 수행

4 RPA 소프트웨어를 활용하는 아이디어를 이끌어 내는 것이 중요

■ 표준 용어의 정의 및 새로운 용어의 사용

> **Bot Utilization 통합 모니터링 시스템**
> **정확도(Accuracy Rate)**
> **자동처리 비율(STP)**
> **전략적 RPA 도입방법론**

1 RPA 업계에서 사용하고 있는 용어를 사용하고자 하였음

2 설명과 관련된 일부 주요한 표준 용어에 대한 설명은 별도 표기

3 표준이 아니거나 저자가 직접 작성한 용어는 키워드로 상세 설명 첨부

4 개념이나 용어의 차이는 내용을 참고하여 활용 바람

용어정리 거버넌스(Governance)

정보 기술(IT) 자원과 정보, 조직을 기업의 경영 전략 및 목표와 연계해 경쟁 우위를 확보할 수 있도록 하는 의사결정 및 책임에 대한 프레임워크, 이사회와 경영진의 책임 아래 수행되는 기업 지배 구조의 일부로 존재하게 되어 리더십과 조직 구조 및 프로세스 통제 및 관리 체제로 구성된다. IT 거버넌스는 적용되는 기업이나 분야에 따라 목표와 정의가 달라질 수 있으나, 1998년에 설립된 미국의 정보기술관리협회(ITGI)에서는 IT 거버넌스 프로세스 프레임워크를 수행 주기에 따라 계획 및 조직, 도입 및 구축, 운영 및 지원, 모니터링의 4가지 영역과 각 영역에 해당하는 34개 세부 프로세스로 정의하고 있다.

출처 • [CIO별 용어 사전]

PART ① RPA 도입 및 사전 준비 사항

RPA는 최근에 시장에서 가장 많은 관심을 받고 있습니다. PART 01에서는 RPA에 대한 소개와 더불어 회사에서 RPA를 도입하여 활용하는 데 가장 먼저 고려해야 할 항목들을 살펴보고, RPA 도입에 따른 기대효과를 어떻게 정의할 수 있는지 알아보겠습니다.

PART ② RPA 프로젝트 추진

PART 02에서는 RPA 프로젝트를 추진하는 효과적인 방법에 대하여 함께 고민해 보고 RPA 프로세스를 어떻게 선정하여야 하는지에 대하여 살펴보겠습니다. 그리고 RPA 업무 규모가 확대될 것을 대비하여 프로젝트를 안정적이고 생산적으로 추진할 수 있게 하는 핵심 요소인 개발 표준과 RPA 아키텍처에 관한 고려 사항을 살펴보겠습니다.

PART ③ RPA 운영 모델

RPA 도입 프로젝트가 종료된 이후에는 RPA 시스템의 운영 단계에 접어들게 됩니다. 이때 가장 중요한 것은 안정적으로 RPA 시스템을 운영하는 것입니다. 그렇다면 어떠한 RPA 운영 모델을 이용하여 소기의 운영 목표를 달성할 수 있는지 살펴보겠습니다. 운영 모델은 크게 운영 모니터링, 유지 보수, 변화 관리, 장애 대응으로 나누어 볼 수 있습니다. RPA 운영 모델이 안정적으로 운영되는지 확인하는 측정지표로 사용할 수 있는 것이 RPA 로봇 활용률입니다.

PART ④ RPA의 미래

RPA는 기본적인 프로세스 자동화에서 출발하여 지속적으로 그 영역을 넓혀 나가고 있습니다. 회사마다 상황이 다를 수 있지만 RPA를 오랜 기간 운영한 회사에서는 RPA가 다른 서비스와의 결합을 통하여 더욱더 그 진가를 발휘할 수 있다는 것을 깨닫고 있습니다. 그렇다면 RPA가 앞으로 어떠한 방향으로 진화될 것이며 현재 가장 많이 시도되고 있는 미래 지향적인 RPA 활용 방안을 함께 살펴보겠습니다.

목차

PART

1

RPA 도입 및
사전 준비 사항

RPA는 최근에 시장에서 가장 많은 관심을 받고 있습니다. PART 01에서는 RPA에 대한 소개와 더불어 회사에서 RPA를 도입하여 활용하는 데 가장 먼저 고려해야 할 항목들을 살펴보고, RPA 도입에 따른 기대효과를 어떻게 정의할 수 있는지 알아보겠습니다.

Lesson

RPA 소개 및 국내 도입 현황

RPA가 무엇이며 기존 IT와 어떤 차이가 있는지 확인하고, 이를 토대로 어떤 방식으로 RPA에 접근하면 좋을지 생각해보겠습니다.

01 RPA(Robotics Process Automation)의 정의

RPA는 사전에 정해진 순서대로 사람이 하는 작업을 흉내 내어 업무를 처리하는 소프트웨어 로봇을 말합니다. 로봇은 사람의 모습과 유사하면서 사람이 하는 일을 할 수 있는 기계라는 의미로서 그리스 신화에 등장하는 탈로스Talos를 시초로 볼 수 있습니다. 탈로스는 헤파이스토스가 크레타의 왕 미노스를 위해서 만들었다고 전해지는 청동으로 만든 인간으로 크레타CRETE섬을 지키는 역할을 하였는데 적이 섬에 접근하면 돌을 던져서 막고 상륙하게 되면 청동으로 된 몸을 불로 빨갛게 달군 뒤 적을 끌어안아서 태워 죽이는 것으로 알려져 있습니다. 이러한 로봇에 관한 이야기는 중국이나 다른 여러 나라에서도 전해져 오고 있습니다.

하지만 '로봇'이라는 단어가 사용된 것은 생각보다 길지 않습니다. 로봇이라는 용어는 1920년에 체코슬로바키아 극작가인 차페크의 '로섬의 만능로봇'이란 희곡에서 처음 사용한 것으로 알려지고 있습니다. 로봇의 어원은 로보타ROBOTA로서 체코어로 '부역, 강제노역'의 의미가 있습니다. 로봇이라는 용어의 어원에서 보듯이 사람이 하는 일에서 힘든 부분을 대신해주는 것이 주된 역할입니다.

우리가 TV에서 많이 보고 또 흔히 알고 있는 로봇산업용 로봇이 실제 산업에 활용된 것은 1961년에 제너럴 모터스에서 자동차 부품의 이동과 용접 등을 담당하는 유니메이트 Unimate를 사용하면서부터라고 할 수 있습니다. 1970년대 후반부터 생산성을 증대시키기 위한 목적으로 로봇이 본격적으로 활용되기 시작했습니다.

출처 https://robots.ieee.org/robots/unimate/

소프트웨어 로봇인 RPA는 그보다 훨씬 뒤의 시점인 2000년도 초반에 등장하게 되었습니다. RPA 소프트웨어와 관련이 깊은 소프트웨어 기술은 GUI 테스트 툴, 스크린 스크래핑, 워크플로우 기술로, 각각의 유용한 기능들이 RPA에서 이어져 오고 있습니다.

소소한 Tip⚡ 레트로(RETRO)와 RPA

최근에 RETRO 열풍이 하나의 신드롬처럼 여러 산업에서 기세를 떨치고 있습니다. 레트로 디자인의 가전제품에서 70, 80년대 가요의 재등장, 식음료, 여행 등 그 영역을 가리지 않고 현재 시점에서 살아 숨 쉬는 과거의 모습입니다.

RPA를 활용하다 보면 놀라울 만큼 예스러운 측면을 발견하곤 합니다. RPA는 2000년대를 훌쩍 넘어서 등장했고, 국내에 소개된 것은 불과 몇 년 되지 않은 최신의 소프트웨어이지만 그 내용을 채우고 있는 것은 아주 오래전에 사용하였던 화면 테스트 기능, 스크린 스크래핑, 스케줄러 등 오래전에 나왔던 기술입니다. 여기에 더해 예전의 대형 시스템보다 매우 초라하기 그지없는 프로세스 관리 기능 또한 의외의 모습입니다. 하지만 여타 레트로와 마찬가지로 RPA 또한 예전의 기능을 그대로 복사한 기술은 아닙니다.

사고의 전환을 통하여 단순하면서도 고유의 영역을 가진 RPA를 활용하여 사무실에서 많은 변화의 바람을 일으키고 있습니다. RPA는 지금도 그 모습을 계속 바꾸어가며 진화하고 있습니다. 앞으로도 조금은 촌스럽기도 하고 어설픈 RPA가 디지털 트랜스포메이션에서 많은 역할을 수행할 것으로 예상됩니다.

다시 RPA로 돌아가서, 소프트웨어 로봇이 사람을 흉내 낸다는 것은 RPA가 기존의 IT에서 처리하는 업무 방식과는 다른 접근을 한다는 얘기입니다. 기존의 자동화가 고유의 방식으로 업무를 처리했다면 RPA는 사람이 하는 방식으로 처리하기에 업무의 오류 발생 요건, 접근 방식, 오류에 대처하는 방식, 효과를 낼 수 있는 활용 방안 등 모든 면에서 기존과는 다른 접근이 필요합니다.

목표를 향해 발사되는 화살의 각도가 출발점에서 조금만 차이가 나도 완전히 다른 결과가 나오는 것처럼 RPA를 활용한 시스템에서 성과를 내기 위해서는 기존의 방식과는 조금 다르게 접근하는 것이 중요합니다. 기존과 조금은 다른 방식으로 접근하며 RPA를 살펴보겠습니다.

02 RPA 소프트웨어의 특징

RPA가 국내에 처음 소개된 초창기에는 RPA 소프트웨어 공급업체나 컨설팅 회사가 RPA 소프트웨어를 소개하며 RPA 도입 시 사람이 일하는 것의 몇백 배에서 몇천 배의 효과를 거둘 수 있다는 설명을 자주 접할 수 있었습니다. 물론 어떤 영역에서는 그러한 주장이 옳다고 할 수도 있지만, RPA 로봇이 모든 면에서 사람보다 효율적이며 사람과 비교할 수 없을 정도로 빠르게 작업을 수행한다는 데에는 전적으로 공감하기 힘든 부분이 있습니다.

그림 1-1 RPA의 특징

RPA는 기본적으로 사용자 인터페이스User Interface를 기반으로 운영되는 시스템입니다. 그렇기에 내부적인 로직보통 코드라고 하는으로 업무 흐름을 이어가는 전통적인 IT 시스템에 비해 신속하고 정확하게 업무를 처리하지 못하는 비효율적인 부분이 존재합니다. 기존의 전산화나 자동화 부분에서 업무의 무결성은 당연히 달성해야 할 목표로 추진되지만 RPA 프로젝트에서는 업무 수행에 있어 어느 정도 수준의 오류를 포함하고 있다는 전제로 프로젝트를 시작합니다. 이런 점이 기존 IT 시스템과 RPA의 가장 근본적인 차이점입니다.

IT 시스템을 인간의 업무 방식대로 처리하게 되는 RPA의 특징으로 인하여 'Excel 편집', '문서 내용 대조' 등 일부 특색 있는 업무에서 보여주는 엄청난 속도와 정확한 업무 처리 능력만으로 RPA의 성격을 대표할 수는 없다고 생각합니다.

오히려 각각의 업무 목적별로 지원하는 시스템이 잘 갖추어져 있는 대기업의 경우에는 단순 형태의 작업들은 이미 기존의 시스템에 잘 포함되어 있는 경우가 많을 것으로 예상됩니다. 따라서 RPA 적용으로 극적인 성능 향상을 기대하는 것은 달성하기 힘든 목표가 될 수 있습니다.

그렇다면 RPA는 기존의 IT 시스템 사이에서 어떻게 RPA만의 고유한 차별성과 장점을 보일 수 있을까요?

그림 1-2 RPA의 기능

RPA는 사내 단위 시스템과 외부 시스템 등 여러 정보섬^{Information Islands}들을 연결해주는 다리^{Bridge} 역할을 수행할 수 있습니다. 사업 규모가 크고 정보의 처리량이 많은 기업일수록 다양한 내부 시스템을 구축하여 운용 중인 것이 일반적입니다.

A라는 시스템에서 나오는 결과값을 B라는 시스템으로 전달하고 또 B시스템에서 조회된 값을 C시스템에서 활용하는 경우가 있습니다. 기존 IT 시스템에서는 이를 시스템 간 직접 연결 보통 API라고 부르는 방식 을 통하여 처리합니다. 가장 효과적인 방식이지만, 여기에는 한계가 있습니다. 직접 연결 방식은 사용 빈도가 낮으면 그 효용성이 떨어질 뿐만 아니라, 타 시스템과의 연결을 허용하지 않는 시스템으로 인하여 수작업이 필수적으로 수반되는 문제도 가지고 있습니다.

이러한 경우에는 대부분의 일이 하나의 정보 시스템 결과값을 그대로 혹은, 단순한 가공을 거쳐 다른 시스템으로 전달하는 역할을 수행하게 됩니다. 바로 이때 RPA 시스템의 진가가 발휘될 수 있습니다. ctrl+C, ctrl+V^{일명 복.불.}로 대별되는 이러한 단순 작업에 RPA 만큼 적절한 수단이 없기 때문입니다.

여기에 RPA 소프트웨어에서 제공하는 BPM^{Business Process Management} 기능이 더해지면 손쉽게 우리가 원하던 작업을 순차적으로 수행할 수 있습니다. 물론 RPA의 BPM 기능을 완벽하다고 할 수는 없습니다^{오히려 RPA의 기능에 치명적인 결함을 유발하는 경우가 많지만, 이 부분은 나중에 언급}.

복사해서 붙여넣기나 BPM 등 단순한 기능으로 구성되어 있는 것이 오히려 RPA의 장점이라고 할 수 있는 부분입니다. 이러한 단순성이 RPA가 적용될 수 있는 범위를 넓힐 수 있는 무기가 될 수 있습니다.

RPA의 속성을 깊이 이해하고 RPA에 맞는 프로세스에 접목시키는 것이 사용자 입장에서 중요한 노하우라 할 수 있습니다. RPA와 기존 전산화와의 차이점을 좀 더 살펴보겠습니다.

03 RPA와 기존 전산화/자동화와의 차이점

RPA와 기존의 전산화/자동화와는 다음과 같은 차이점이 있습니다.

RPA	구분	기존 IT
시스템의 변경 사항 없거나 최소	기존 IT의 변경	업무 요건에 의한 전체적 수정 필요
단순하고 손쉬운 재활용	재활용	정교한 설계로 재활용
화면 처리 순서 이해로 가능	업무 이해도	전문적인 업무 이해도 필요
기초적인 수준으로 가능	ICT 이해도	전문가 수준 권장

표 1-1 RPA와 기존 IT의 차이점

RPA 적용과 기존 IT 전산화를 위한 작업 간의 차이를 살펴보면 RPA가 IT 시스템보다는 접근이 쉽다는 것을 알 수 있습니다.

[표1-1]의 내용을 살펴보면 다음과 같습니다.

- RPA는 업무 적용 시 Low Code 또는, No Code로 기존 시스템의 변경이 없거나 변경을 최소화할 수 있다.
- 개별 화면 단위에서 중복되는 동작을 재활용하도록 구성할 수 있으며, 재활용에 따른 개발성 향상 및 개발 기간의 단축 효과가 매우 크다.

- 업무의 적용에 있어 기존 화면의 조작법은 인지하는 것만으로도 개발이 가능하다.
- 작업에 참여하는 인력의 IT 이해도가 기초적인 수준이어도 작업이 가능하다.

04 RPA 소프트웨어의 구성

RPA 소프트웨어는 일반적으로 개발 영역과 운영 지원 영역으로 구분되어 있습니다. 개발 영역은 RPA 프로세스 개발, 프로세스 버전 관리 및 공통 부분 작성을 지원하는 모듈로 구성되어 있습니다.

운영 지원 영역은 시스템의 환경 구성, 세션 관리, 큐 관리, 작업 스케줄러의 기능이 포함되어 있습니다. 이외에도 RPA를 활용한 ROI 분석을 위한 기능, 보안과 관련된 기능, 시스템과 감사[Audit] 로그 뷰어 등으로 구성되어 있는데, 이러한 부분은 다수의 RPA 소프트웨어에서 유사한 체계로 제공되고 있어 RPA 소프트웨어 종류에 따른 큰 차이가 없습니다.

다음의 [그림1-3]은 블루프리즘에서 제공하는 기능을 간략하게 정리해 보았습니다.

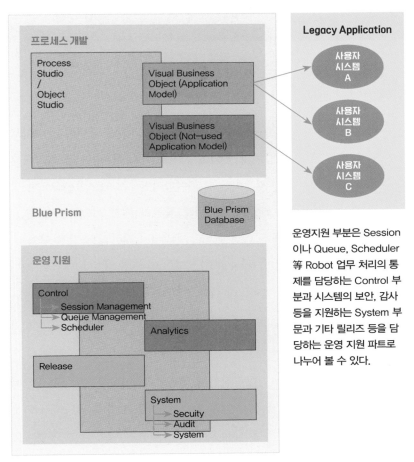

그림 1-3 RPA소프트웨어의 구성

프로세스 스튜디오, 오브젝트 스튜디오에서 RPA 동작과 관련된 프로세스를 작성하고, 작성한 프로세스는 Queue 방식을 활용하여 스케줄 구동하여 관리하고, 배포하는 지원 모듈과 시스템 환경 변수 정의 등의 기능이 제공되고 있습니다. 위의 정보는 RPA 서버 의 데이터베이스에 저장되고 해당 정보를 바탕으로 RPA 로봇 PC를 제어하도록 되어 있습니다.

05 국내의 RPA(Robotics Process Automation) 도입 현황

RPA는 2016년도 후반에 국내에 소개된 이후
금융, 제조, 유통 등의 기업을 중심으로 도입 범위가 확대되고 있습니다.

해외에서는 2015년도 이후로 급속히 RPA 시장이 확대되었고 국내에서는 이보다 조금 뒤인 2016년도 하반기 이후 도입이 시작되었습니다. 국내 RPA 도입 초기에는 금융권이나 제조업에서 RPA 가능성을 검토하는 수준이었지만, 효과를 인정받으며 국내 RPA 시장이 점점 커지고 있습니다. 해를 거듭하면서 금융과 제조 이외에도 보험, 유통, 공공 등 그 산업별 활용 사례도 매우 다양해지고 사내에서 적용되는 업무 영역도 매우 광범위한 것으로 확인되고 있습니다. 급속히 확산되는 시장 분위기에 맞추어 RPA 도입을 서두르는 기업들이 많이 생겨나게 되었습니다.

그렇다면 '과연 RPA는 우리에게 회사에서 수행하고 있는 업무에 어떤 변화를 가져다 주었을까?'라는 질문을 던져봅니다.

RPA 도입 이후 달라진 점은 단순 반복적인 업무가 사라지며 우리가 더 핵심적인 업무에 집중할 수 있게 되었다는 것입니다. 이는 RPA가 가진 몇 가지 특징에서 비롯되는데, RPA 활용에 있어 가장 먼저 말하고 싶은 내용으로 RPA가 만능*all-round capability* 도구는 아니지만 RPA만의 확실한 장점을 가지고 있는 기술이라는 점입니다.

RPA는 만능 도구가 아닙니다. 하지만 RPA만의 고유한 특징이 있고,
해당 특징에 맞는 업무 선택이 성공의 첫 단추입니다.

RPA는 복잡하지 않은 방식으로 우리 업무에서 단순 반복되는 비효율적인 부분을 제거합니다. 이로써 우리가 핵심 역량에 집중할 수 있도록 지원하는 든든한 조력자로서 역할을 수행하고 있습니다.

Lesson

02

RPA 전략 수립의 필요성 RPA Eco System 구축

RPA 도입, 추진, 운영에 관한 3가지의 전략 수립의 필요성과 이러한 전략을 바탕으로 도입에서부터 운영까지 전 단계에 걸쳐 여러분과 함께 고민해 보겠습니다.

RPA를 소규모로 도입하려는 경우에는 RPA 프로세스를 개발하는 데 초점을 두게 됩니다. 하지만 중간 규모 이상, 대규모의 RPA 업무를 도입하려는 경우에는 프로세스 개발에만 신경을 쓰는 것이 아니라 도입 전 내부 정책 수립부터 시작하여, 전략적 도입 방안, 프로젝트 추진, 운영 모델 확립, RPA 서비스 확장 단계에 이르는 전체를 아우를 수 있는 RPA 생태계 구축이 필요합니다.

가장 먼저 우리 회사는 RPA를 도입하기 위하여 어떠한 접근 방식을 선택해야 하는지 현재 위치가 어떠한지를 가늠할 필요가 있습니다. 당사가 목표하는 영역이 어디인지를 확인하는 수단으로 [그림 1-4]에서 RPA 로봇 대수 기준으로 카테고리를 분류해 보았습니다.

규모에 따른 RPA 사이트 분류

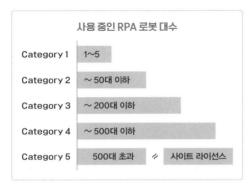

그림 1-4 규모에 따른 RPA 사이트 분류

일반적으로 소규모 기업이거나 대규모 도입 전에 P.o.C$^{Proof\ of\ Concept}$ 단계인 경우에는 Category 1 정도의 규모가 일반적입니다. 이후 대기업에서 업무 범위를 확대하거나 중소기업의 경우에는 Category 2 정도의 RPA 로봇 대수를 운영하게 됩니다.

이 책에서는 다루는 내용 중에 특히 RPA 개발 표준과 아키텍처에 관한 부분은 Category 3 이상의 규모를 예정하고 있는 기업이 반드시 검토해야 할 사안이라 생각합니다. 이 책에서 자주 언급하는 엔터프라이즈 레벨은 Category 3 이상의 고가용성 운영환경이 필요한 사례를 의미하고 있습니다. 물론 Category 2 이하의 운영 사례에서도 이 책에서 제시한 절차에 관한 고민이 유용합니다.

Category 3 이상의 규모로 RPA 적용을 목표로 하는 경우 이 책에서 언급된 도입, 추진, 운영에 관한 전략을 기반으로 추진함으로써 각종 경험치에 지불하는 비용을 최소화하고 효과적으로 RPA 서비스를 확대해 나갈 수 있습니다.

지금까지 RPA 소개 및 국내 시장 현황에 대하여 살펴보았습니다. 본격적으로 시작하기에 앞서 이 책의 전반적인 내용을 살펴보면 다음과 같습니다.

첫 번째 파트에서 RPA 도입 전에 준비해야 하는 내용에 대하여 고민해 보고, 두 번째 파트에서 본격적으로 프로젝트 추진 시 점검해야 하는 사항을 살펴보겠습니다.

세 번째 파트에서는 RPA 운영 모델을 제시하여 각 사에 맞는 운영 방안을 고려할 수 있도록 하였습니다.

마지막 파트에서 RPA와 여타 디지털 기술 간의 결합을 통하여 새로운 비즈니스 모델을 만들어나가는 방법론을 제시토록 하겠습니다.

다음 그림은 위의 내용을 도식화한 것으로써 RPA가 사내에서 성공적으로 자리 잡을 수 있도록 도입, 추진의 2가지 방법론과 운영, 활용의 2가지 모델을 제공하는 것이 이 책의 전반적인 내용입니다.

다음 그림은 각 파트별 내용을 도식화한 것입니다. 지금부터 각각의 내용에 대하여 자세하게 살펴보겠습니다.

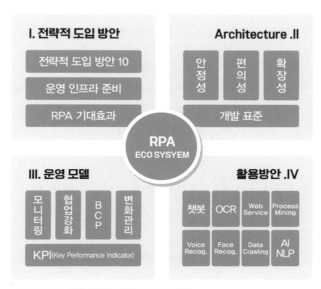

그림 1-5 RPA 추진 단계별 방법론 및 운영 모델

03 RPA의 전략적 도입을 위한 10가지 점검 사항

RPA의 전략적 도입 방안 10가지에 관한 사전 검토를 통하여 비용의 최소화와 리스크 제거가 가능합니다.

RPA 도입을 검토하는 기업에서 RPA 프로젝트를 시작하기 전에 미리 검토해야 하는 사항을 도출해 보았습니다. 고려해야 하는 항목들의 내용은 사내 정책의 수립에서부터 리스크 관리, 변화 관리까지의 3가지 큰 주제를 기본으로 하여 총 10가지 세부 항목으로 나누어 보았습니다.

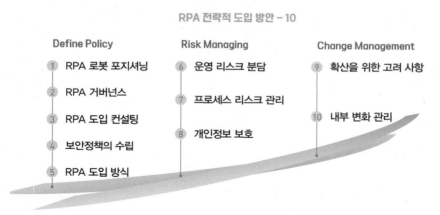

RPA 전략적 도입 방안 – 10

Define Policy
① RPA 로봇 포지셔닝
② RPA 거버넌스
③ RPA 도입 컨설팅
④ 보안정책의 수립
⑤ RPA 도입 방식

Risk Managing
⑥ 운영 리스크 분담
⑦ 프로세스 리스크 관리
⑧ 개인정보 보호

Change Management
⑨ 확산을 위한 고려 사항
⑩ 내부 변화 관리

그림 1-6 10가지 질문을 통한 RPA의 전략적 도입 방안

먼저 내부 정책 수립 부분은 RPA 포지셔닝, RPA 거버넌스, 도입 컨설팅의 필요성, 보안 정책의 수립, RPA 도입 방식 결정의 5가지 세부 항목이 있습니다. RPA와 관련된 리스크를 관리하는 방안에 대하여 운영 리스크 분담, 프로세스 리스크 관리, 개인정보 보호 항목으로 나누어 살펴보겠습니다. 마지막으로 변화 관리에서는 RPA 확산을 위한 고려

사항과 회사 내부 변화 관리에 관한 부분을 살펴보겠습니다.

각자의 기업의 상황에 맞추어 다음의 10가지 고려 사항에 관한 고민과 해결책을 찾는 과정을 통하여 성공적인 RPA 도입을 향한 첫걸음을 나갈 수 있을 것으로 기대합니다.

01 RPA의 포지셔닝

RPA는 직원 감축을 위한 도구가 아니라 디지털 트랜스포메이션을 통해
업무의 혁신적 변화를 이끄는 도구입니다.

조직에서 RPA 로봇의 포지셔닝을 어떻게 해야 할 것인가? 이러한 질문으로부터 RPA 도입에 관한 고민이 시작됩니다. RPA 로봇의 역할을 전통적인 IT 시스템의 역할과 달리 생각할 수밖에 없는 것은 RPA 적용 이후에도 RPA 로봇에게 작업을 지시하거나 혹은, 함께 협업하여 진행하게 되면서 RPA가 처리한 결과를 직원이 확인하고 이후 작업 단계를 진행하는 등 직원의 업무 처리 절차에 관한 영향도 및 업무 연관성이 높기 때문입니다. 이렇게 RPA와 직원이 협업하는 상황에서 사람에게 인격이 있듯이 RPA 로봇에게는 어떠한 로봇격을 부여하는 것인가에 관한 고민입니다.

하버드 비즈니스 리뷰에서 RPA를 도입한 기업의 담당자에게 RPA에 기대하는 것이 무엇인지를 물었고, 많은 인사담당자가 '단순 인력 감축이 아닌, 직원 생산성 향상을 위한 디지털 트랜스포메이션 도구로서의 역할이 중요하다.'라고 답했습니다. 이를 통해 RPA가 업무 현장에서 인력을 대체하기보다는 직원들의 업무 방식을 변화시키는 조력자의 역할을 수행한다는 것을 알 수 있습니다.

그렇다면 이러한 조력자인 RPA에게 기존의 직원과 동일한 권한과 역할을 부여할 것인지, 아니면 사람과는 어느 정도 차이가 있는 업무를 수행하도록 할 것인지에 관한 고민이 필요합니다.

사람에게 인격이 있듯이 RPA에게 어떤 로봇격(格)을 부여하느냐의 고민에서 출발해 보겠습니다.

일정 규모 이상의 회사는 직원에게 사원 번호Employee ID를 부여하고 해당 사번을 통하여 사내 시스템 접근을 통제하게 됩니다. RPA 로봇에게는 과연 어떠한 사번을 부여하고 또 어떠한 작업 수준까지 업무에 참여할 수 있도록 허용하는지를 결정해야 합니다.

회사에서 작업을 하다 보면 일부 직원은 사내 정보를 생성, 검색, 변경, 삭제하는 작업을 수행하게 되고, 경우에 따라서 본인이 처리한 결과에 대하여 점검을 담당하는 직원에게 승인이나 업무 수행 결과에 관한 검증을 요청하게 됩니다. 해당 요청을 받은 점검 담당 직원은 본인의 판단을 통하여 업무 진행 여부를 결정하게 됩니다. RPA에서는 이러한 작업자와 점검자의 역할을 어떻게 구현하게 될까요?

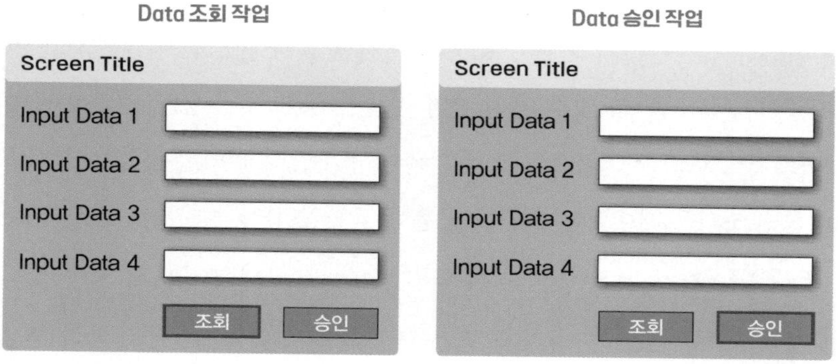

그림 1-7 RPA 로봇의 권한 부여

회사에서 수행하는 업무는 각자의 역할에 부합되게 주어지며 많은 직원은 컴퓨터 화면 상에서 조회나 입력 작업을 수행하게 됩니다. 주요한 의사결정을 담당하는 직원은 승인 작업을 통하여 다른 직원의 작업 결과를 확인하고 판단을 거쳐 업무 진행을 허가하는 것을 의미합니다. 상기 화면에서 일어나는 두 가지의 수행 작업인 조회와 승인의 경우 RPA에서 수행하게 되는 동작은 버튼을 누르는 동일한 작업을 수행하게 됩니다. 하지만 RPA가 왼쪽 화면의 조회 버튼을 누르는 동작과 오른쪽 화면의 승인 버튼을 누르는 동작은 전혀 다른 결과를 초래할 수 있습니다. 데이터 조회와 같은 단순 작업은 당연히 RPA가 수행하는 것이 효과적입니다.

하지만, 화면상에 표시되는 값을 확인하여 작업의 정당성을 점검하고 이후 금전적/법률적 리스크가 있는 작업의 최종 수행 여부를 확정하는 것을 RPA 로봇이 수행하도록 허락하는 것은 조금 더 고민해 봐야 할 사안입니다. 의사결정 단계까지 포함하여 RPA 처리를 하는 것은 해당 업무의 구현에 관한 기술적인 검증뿐만 아니라 RPA 로봇이 승인과 같은 의사결정에 관여할 수 있는지 여부에 대하여 업무적 판단이 필요합니다.

업무적 판단 시 내부 정책뿐만 아니라 외부의 법률적인 측면까지 고려되어야 합니다. 예를 들어, RPA를 활용하여 특정 회사 또는 개인에게 자료를 송부할 때 제출자가 사람이 아닌 로봇이라면 '문서를 접수하는 부분에 있어 개인 자격으로 제출하여야 한다.'라는 제약 사항이 있다면, RPA 로봇이 제출하는 경우에는 해당 제약내용에 위배되는지의 여부 등을 검토하여 진행하도록 합니다.

RPA에 부여되는 권한을 정확한 업무 기준에 의거하여 제한하고, RPA를 통제 가능한 상태로 운영하는 것이 법률적 리스크와 운영 리스크를 최소화하는 첫걸음이라고 할 수 있습니다. RPA 로봇의 업무 범위 및 권한을 가능한 세밀하게 구분하고 사내외 정책에 의거하여 제어하도록 하여야 합니다. 사내 정책 ^{명문화된 경우에는 해당 문서에 포함} 에서 이러한 내용을 명시하고 RPA 도입과 동시에 효력이 발생할 수 있도록 준비해야 하겠습니다.

02 RPA 거버넌스

> RPA 거버넌스는 업무추진의 신속성 및 업무 개선효과의 극대화를 위하여
> 비즈니스 부서에서 진행하는 경우가 많습니다.

RPA 거버넌스란 사내의 어느 부서가 RPA 사업을 기획하고 프로젝트 수행 및 운영을 담당하며 이끌어 나가느냐에 관한 문제입니다. RPA 사업이 시작되는 시점에 RPA 거버

넌스를 담당하게 되는 부서가 IT 부서가 될 것인지 아니면 현업 부서가 수행할 것인지에 관한 논의를 하게 됩니다.

IT 부서에서 RPA 거버넌스를 가지게 된다면 기존의 프로젝트의 수행 경험에 따른 프로젝트 관리 부분과 RPA 벤더와의 IT에 관련된 의사소통에서 비즈니스 부서보다 훨씬 수월한 접근이 보장된다는 점이 돋보입니다.

다른 한편으로 현업 부서가 RPA 거버넌스를 가지고 사업을 추진하게 된다면 업무추진에 있어 비즈니스 해석에 대하여 좀 더 쉽게 이해하고 신속한 의사결정이 가능하다는 장점이 있습니다. 결국은 RPA라는 물건을 어느 방향에서 바라보느냐의 문제입니다.

해외 대기업 중 RPA를 오래전에 도입한 경우 특정 지역에 서비스 센터를 구축하고 공유 서비스 형태Shared Service Center로 전 세계의 계열사 및 해외 지사에 관한 서비스를 제공하는 경우가 많습니다. 별도의 서비스 센터를 구축하는 것은 RPA 자원에 관한 집중도가 매우 높고 조직 내 RPA의 필요성에 관한 전반적인 의견 일치가 이루어진 상태에서 구성하는 방식입니다.

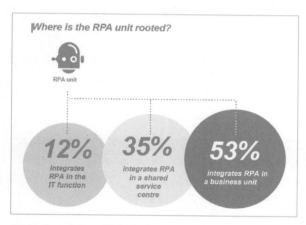

출처 Implementation of Robotics Process Automation
— Lessons learnt by 18 Danish enterprises (by PwC)

앞선 그림을 살펴보면 많은 기업이 사업 부서 혹은, Shared Service Center에서 RPA 거버넌스를 가지고 있도록 선택하는 기업이 많다는 것을 보여주고 있습니다. RPA를 적용할 때 기존 업무를 그대로 RPA로 전환할 수도 있지만, 그보다는 프로세스를 새롭게 해석하여 변경된 프로세스를 RPA에 적용하는 것이 가장 효과적입니다. 해당 작업을 가장 잘 수행할 수 있는 부서가 현업 부서이기 때문에, 많은 기업에서는 현업 부서가 RPA 거버넌스를 가지도록 합니다. 그럼에도 불구하고 IT 부서의 역할은 필수적이며 C.o.E 등 가상화된 조직으로 RPA 거버넌스에 참여하고 있습니다.

용어정의 **거버넌스[Governance]**

정보 기술(IT) 자원과 정보, 조직을 기업의 경영 전략 및 목표와 연계해 경쟁 우위를 확보할 수 있도록 하는 의사 결정 및 책임에 관한 프레임워크. 이사회와 경영진의 책임 아래 수행되는 기업 지배 구조의 일부로 존재하게 되며 리더십과 조직 구조 및 프로세스 통제 및 관리 체제로 구성된다. IT 거버넌스는 적용하려는 기업이나 분야에 따라 목표와 정의가 달라질 수 있으나. 1998년에 설립된 미국의 정보기술관리협회(ITGI)에서는 IT 거버넌스 프로세스 프레임워크를 수행 주기에 따라 계획 및 조직, 도입 및 구축, 운영 및 지원, 모니터링의 4가지 영역과 각 영역에 해당하는 34개 세부 프로세스로 정의하고 있다.   출처 + 네이버 IT 용어 사전

---

03 전사적 보안정책과의 협의

RPA 담당자는 사내 보안 담당자에게 끊임없는 업무 처리를 요청하게
되어 있습니다. 사전적인 협의 및 원활한 의사소통이 필요한
중요한 업무 파트너입니다.

회사에는 공인되는 일반적인 보안정책이 수립되어 운영됩니다. 기존 보안정책의 변경이 필요하다면, 보안 담당자와 미리 협의하여 대비책을 수립할 필요가 있습니다. 특히 변경 사항이 많다면 협의의 중요성은 더욱 커집니다. 보안 사항에 대한 대비책 수립이 중요한 이유는 RPA를 원활히 작동시키기 위해서는 소프트웨어 보안을 일정 수준 약화시켜야 하기 때문입니다.

물론 회사정책에서 명시된 수준의 보안정책을 요구하지 않는다면 문제가 되지 않겠지만 이미 수립된 보안정책이 있고, RPA 수행을 위한 조치로 소프트웨어적인 보안이 약화된다면 이를 상쇄할 수 있도록 물리적인 보안을 강화하는 방안을 고민할 필요가 있습니다.

환경설정 사항	세부 내용
화면보호기 해제	RPA가 화면보호기를 자동으로 해제할 수 없으므로 로봇 PC는 화면보호기 기능을 해제함
CMOS 패스워드 설정 해제	다수의 로봇 PC가 자동으로 재부팅되기 위해서는 CMOS 패스워드 설정을 비활성화 – 로봇 PC를 매일 자동으로 재부팅하여 안정적으로 운영
Ctrl + Alt + Delete 기능 비활성화	로봇 PC가 자동으로 재부팅되기 위하여 Ctrl + Alt + Delete 를 통한 로그인 기능 비활성화 – 화면이 잠긴 상태의 경우 RPA가 명령을 실행할 수 없음

표 1-2 소프트웨어적인 보안을 약화시키는 항목들

RPA는 User Interface를 기반으로 하기에 수행 동작을 원활하게 하기 위하여 소프트웨어 보안을 약화시키는 일련의 작업이 필요합니다. 기업에서 직원의 부재 시 민감한 정보를 보호하기 위하여 화면보호기 사용을 의무화하는 경우가 있는데, RPA 소프트웨어의 원활한 수행을 위하여 화면보호기 적용에 예외를 두는 것이 필요합니다. CMOS 패스워드 설정 해제 또한, 동일하게 소프트웨어 보안 약화로 볼 수 있습니다. CMOS 패스워드 설정 해제나 화면보호기 사용을 제한함으로 발생할 수 있는 보안적인 취약점을 보완하기 위하여 물리적인 보안을 강화할 필요가 있습니다.

이런 역할을 할 수 있는 것이 통제 가능한 운영 공간, 출입통제 장치, CCTV 등의 물리적인 보안정책 및 장치들입니다. 물리적인 수단을 동원하여 약화된 소프트웨어 보안 부분을 상쇄시키는 것이 필요합니다. 보안적인 측면을 고려한 활동이 RPA에서 일부 소프트웨어 보안에 관한 취약점을 해결함과 동시에 조직 내에서 RPA에 사용에 따른 불안감을 불식시킬 수 있는 방안이 될 수 있습니다.

물리적으로 별도의 공간이나 출입통제 수단을 강구하기 힘든 경우에는 해당 RPA 로봇을 통제할 수 있는 최소한의 장치를 갖추도록 하여야 합니다. RPA 로봇 관리 담당자 지정 및 소프트웨어 보안 수단의 추가 적용 등을 고려할 수 있습니다.

04 RPA 컨설팅의 필요성

> RPA 도입 시 컨설팅의 범위는 사용자 프로세스에 관한 리디자인(재구성)에
> 포커싱하는 것이 효과적입니다.

사내에 RPA를 최초로 도입하여 RPA 전반에 관한 정보가 필요한 경우에는 RPA 벤더나 컨설팅 회사, SI 사업자 등으로부터 해당 정보를 얻을 수 있습니다. RPA 사업에 관한 노하우를 얻고 성공으로 향할 수 있다면 어디에서 컨설팅을 받든 상관없습니다.

이 시점에서 RPA 도입 시 컨설팅의 필요 여부와 컨설팅 업무 범위를 어떻게 할 것이냐는 질문을 할 수가 있습니다. RPA 특성에 맞는 프로젝트 방법론과 이 책에서 언급하는 각종 고려 사항에 관한 실질적인 조언을 할 수 있다면 매우 바람직하다고 볼 수 있습니다. 이에 더하여 비즈니스를 RPA 업무에 맞게 재해석할 수 있는 능력까지 보유하고 있다면 최고의 파트너라고 할 수 있습니다.

하지만 RPA 경험치가 전혀 없고 RPA에 특화된 방법론이 수립되어 있지 않은 기업에게 RPA 컨설팅을 받는 것은 자칫 효과성에 전혀 도움이 되지 않는 선택이 될 수 있습니다. RPA 프로젝트 수행에 관한 고유 방법론을 보유하고 있지 않아 일반적인 IT 프로젝트 수행 방법론으로 접근하게 된다면 단순히 RPA 프로세스의 구현에만 집중하게 되고, 그러한 접근 방식은 RPA 프로세스의 효과가 반감되는 주요 원인이 될 수 있습니다.

다시 한번 강조하자면 이 책에서 다루고 있는 내용은 모든 회사에서 정답으로 간주되는 내용은 아닐 수 있어도 RPA 도입 시에 고민해야 할 항목과 특장점에 관한 내용을 담고 있습니다. 사용자가 고민하는 사안에 명쾌한 답변을 가진 업체를 선택하는 것이 좋은 파

트너를 고르는 가장 기본적인 방법이라고 할 수 있습니다. 이에 더하여 해당 사업 분야에 전문적인 노하우를 보유하고 있는 기업이라면 비즈니스 컨설팅 영역까지 포함되어 RPA 도입을 통한 기존 업무의 혁신까지 그 목표를 멀리 정할 수 있습니다.

이렇게 정확한 컨설팅 범위 및 목적에 맞는 업체가 있다면 RPA 컨설팅이 효과적이지만, 그것이 아니라면 오히려 업무를 잘 아는 현업 담당자가 사업을 살펴보고 도입에 나서면서 기존 프로세스를 재정의^{Redefine}하며 차근차근 한 단계씩 업무 개선을 도모하는 것이 훨씬 더 효과적일 수 있습니다.

다만 RPA 경험이 전혀 없는 회사에서 일정 규모 이상의 RPA 업무 적용을 고려하고 있다면 RPA 프로젝트 경험이 있는 컨설턴트의 조언을 구하는 것이 시행착오를 최소화할 수 있다는 점에서 바람직하다고 생각됩니다.

05 RPA 도입 방식

RPA 도입은 한 번에 전사적으로 진행할 수도 있지만, 조직 내 RPA에 관한 경험 및 이해도가 낮다면 가급적 단계적으로 추진하는 것이 바람직합니다.

일반적인 IT 프로젝트는 특정 업무를 위한 하나의 사업 부서 혹은, 몇 개의 관련 부서 중심으로 수행됩니다. 하지만 RPA를 적용할 수 있는 업무는 사내 부서 전체에 퍼져 있을 수 있습니다. RPA 프로젝트의 범위나 사업 규모가 커지는 이유가 바로 이것 때문입니다. 금융권의 사례를 살펴보면 초기에는 여신심사를 위하여 휴폐업 조회 등 간단한 정보 조회에 국한되었지만, 지금은 여신심사에 관련된 정보 수집은 물론이고 여신 진행의 의사결정에까지 참여하는 등 그 역할이 대폭 확대되었습니다.

이런 경우 사내 모든 부서의 전체 RPA 프로세스를 한꺼번에 적용하는 빅뱅^{워터폴} 방식으로 진행할 수도 있고, 단계적으로 적용 프로세스와 부서를 늘려가는 방식으로 수행할 수도 있습니다.

각각의 방식을 비교해보면 다음과 같습니다.

빅뱅(워터폴)	구분	단계적 개발
TOP DOWN이 일반적	의사결정 방식	BOTTOM UP이 일반적
단 · 중기	프로젝트 기간	중 · 장기
상대적으로 큼	리스크	단계별 리스크 해지 가능
상대적으로 낮음	프로세스 재활용 가능성	인벤토리 관리로 증대 가능
신속한 서비스 제공 가능	RPA 서비스 제공 시기	워터폴 방식 대비 늦음

표 1-3 RPA 도입 방식 비교

많은 기업의 사례를 살펴보면 일정 규모의 사업을 반복적으로 수행하면서 그 효과를 사용 부서에서 체험하고 또 다른 RPA 사업을 발주하는 애자일 방식을 채용하고 있고, 수많은 RPA 전문가 및 RPA 벤더의 의견 또한 단계적 개발에 좀 더 높은 점수를 주는 것이 일반적입니다.

단계적 개발의 장점은 초기 사업 비용 절감이 가능하고 개발자 입장에서는 충분한 시간을 두고 습득한 경험으로 개발 능력이 향상되는 효과가 있습니다. 또한 프로세스 개발 자원의 재활용도가 높은 장점도 있습니다. 단계별 도입 시의 단점으로는 특정 사용자에게 RPA 서비스를 제공하는 시점이 워터폴 방식에 비하여 상당 기간 지연되어 그만큼의 기회 비용이 발생한다는 점이 있습니다. 도입 방식의 결정은 사내의 RPA 서비스 요구 수준과 RPA 이해도 수준에 따라 선택하면 됩니다.

06 RPA 운영 리스크 분담

RPA 업무를 운영하는 데 있어 어떠한 위험 요소가 있고 그 위험 요소를 어떠한 방식으로 관리하고 책임을 분담하는지에 대하여 살펴보겠습니다.

① RPA 운영 리스크의 정의

RPA 업무의 운영 리스크 발생 요인을 크게 나누어보면 업무 미처리와 업무 오류 처리 부분으로 구분할 수 있습니다.

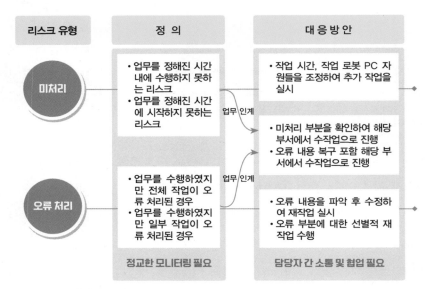

그림 1-8 RPA 운영 리스크의 구분

업무 미처리란 RPA로 의뢰된 작업을 정해진 시간에 처리하지 못하는 것을 의미합니다. RPA 업무를 의뢰한 사람은 업무의 종료가 필요한 시간을 제시하게 됩니다. 만약 RPA 프로세스 처리를 당일 오전 내에 모두 끝내기를 요청하였는데 오후가 되어서도 이를 완료하지 못한 경우에 후속 작업이나 직원들이 수행하는 기타 업무에 차질을 빚게 됩니다.

오류 처리는 RPA 업무 의뢰 건에 대하여 작업은 완료되었지만 의도치 않은 동작이나 해당 시스템 자체의 오류 발생으로 인하여 잘못된 형태로 처리하게 되는 리스크를 지칭합니다.

미처리에 따른 업무상 리스크를 관리할 수 있는 방안은 현재 업무를 담당하고 있는 직원과의 협의를 통하여 추가 작업을 수행할 것인지, 아니면 해당 부서 직원이 수작업 혹은 작업 일정을 재조정하는 등의 조율 문제로 귀결되는 사항입니다. 오류 처리에 대한 사항은 좀 더 복잡한 상황을 초래하게 됩니다. 오류가 발생한 부분에 대한 복구 작업이 추가로 필요하기 때문입니다. RPA 업무 오류 처리에 따라 파급된 사항을 신속하고 정확하게 제거해야 하고 추가적으로 해당 작업을 재작업할 수 있도록 하는 방안을 협의토록 합니다. 미처리나 오류 처리에 따른 부정적인 상황이 업무에 미치는 영향을 최소화하기 위해서는 해당 업무 담당 부서 실무 담당자의 적극적인 협조 및 역할 수행이 필수적입니다.

 **리스크의 분산, RPA 거버넌스 그리고 아키텍처의 필요성**

많은 일들이 그러하듯이 이 책에서 다루는 내용은 각각이 별도의 영역을 이루는 것도 있지만 서로 간에 영향을 주고받는 경우가 있습니다. 업무 부서에서 RPA 거버넌스를 가지고 있으면서 개발에도 참여하는 경우에는 아무래도 전문적인 지식이 있는 IT 개발자보다는 여러모로 부족한 점이 있습니다. 이러한 현업 개발자의 부족한 점을 채워주고 현업 부서 개발자의 안정된 RPA 개발 작업을 지원할 수 있는 기본을 구성하는 RPA 아키텍처 수립 지원이 필요합니다.

RPA 아키텍처 수립은 경험이 많은 IT 부서의 직원과 현업이 함께 참여하는 C.o.E 형태의 조직을 구성하여 진행하는 것이 효과적입니다. RPA 아키텍처와 같은 기술적인 요소는 IT의 절대적인 지원을 받고 운영 리스크를 분산하고 최소화하는 것은 업무 부서가 주도적으로 수행하는 것이 바람직합니다.

아래는 또 다른 전문가가 향후 5년을 예측하는 내용입니다.

> **5년 내 다가올 IT 트렌드 10가지… 2021년 CIO의 대처법은?**
> Serge Findling | CIO
>
> … 중략
> .
> 8. CIO의 60%는 2025년까지 IT 및 비즈니스 생산성을 높이고, LOB 개발자들이 예측할 수 없는 니즈를 충족하도록 돕고, 엣지에서 혁신을 촉진할 수 있는 로우코드/노코드 도구에 대한 거버넌스를 구현할 것이다.
>
> [출처 : CIO 코리아]

다양한 업무 리스크 발생을 미연에 방지하기 위한 정교하고 효과적인 모니터링 작업이 필요한 내용은 PART 03의 제3장에서 자세히 살펴보겠습니다. 업무 진행에 관한 모니터링 결과로 리스크 발생 즉시 확인할 수 있도록 하고, 점검 포인트를 되도록 짧은 주기로 두어 계속 확인합니다. 미처리나 오류 처리가 발생하는 즉시 발견하는 것이 [표 1-4]와 같이 3단계로 체계적으로 가능하도록 구현하고 운영 담당자가 이를 준수하여 업무를 수행할 수 있도록 합니다.

점검 유형	내용	점검 방법
RPA 자체 점검	• RPA가 업무 수행 후 처리 결과를 자체적으로 점검	✓ 로봇 PC 처리 후 화면의 출력 값이나 팝업 메시지의 점검을 통하여 이상 유무 점검
시스템 점검	• RPA 업무 수행 도중 혹은 완료 이후 업무 수행 결과를 점검	✓ 로봇 PC로 처리된 목록의 개수나 값의 총합을 통하여 이상 유무 점검
직원 점검	• RPA 로봇 PC가 처리한 내용을 직원이 최종 점검하여 업무 종료	✓ 로봇 PC가 작업한 내용값을 사람이 육안이나 점검 툴을 사용하여 확인

표 1-4 RPA 업무 오류 점검 방안

오류의 점검은 최대한 자동 시스템을 활용하여 수행토록 하되 놓치는 부분이 없도록 직원이 보완하는 역할을 수행합니다.

단, 점검 작업 수행 시 사람이 편하다고 해서 사람에게 모든 역할을 맡기는 것은 RPA 업무 효과에 있어 치명적인 약점이 될 수 있다는 점을 유의해야 합니다.

RPA 자체 점검, 시스템 점검, 직원 점검의 순으로 오류를 점검하게 되는데 발견된 오류를 처리하기 위해서는 다음의 두 가지 공통적인 작업을 수행합니다. 첫 번째, 오류로 발생할 수 있는 처리 오류의 단위를 확인하고 정확히 처리된 것과 처리되지 않은 업무를 구분할 수 있어야 합니다.

두 번째로, RPA 업무 자체를 수행하지 못하는 경우에는 이 업무를 대신할 수 있는 인력의 확보입니다. 이는 BCP와 연관되는 것으로 RPA 업무가 오랫동안 해당 부서에서 수행되지 않는 결과로 해당 부서에서 누구도 인지하지 못하는 잊혀진 업무가 되지 않아야 하고, 또한 해당 업무를 정해진 시간 내에 처리할 수 있는 인원이나 물적 자원이 확보되어야 합니다.

② RPA 업무 부서 간 R&R 결정

RPA를 각각의 업무 부서에서 개별적으로 운영하는 경우에는 리스크의 분담에 관하여 크게 언급할 내용이 없습니다. 개별 부서에서 RPA 업무에 대한 통제를 진행하고 해당 업무의 연속에 대한 책임을 부담하게 됩니다.

만약 RPA 로봇을 통합하여 운영하는 경우에는 일차적인 리스크 관리는 통합 운영 설비를 관리하는 RPA 관리 부서가 담당합니다. 이럴 때 관리 부서의 리스크 한계를 명확히 할 필요가 있습니다. 사내에서 RPA 업무를 담당하는 조직의 역할과 책임에 대하여 명확히 정의하고서 운영 리스크에 대한 논의를 하게 됩니다. 아래의 그림에서는 비즈니스 부서에서 RPA 거버넌스를 가진 경우를 대상으로 하여 각 부서의 R&R을 표시하여 보았습니다.

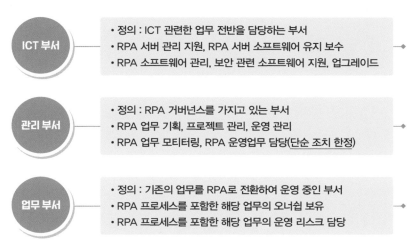

그림 1-9 사내 RPA 관련 부서 간 역할 및 책임

RPA 업무 상황에 따라 RPA 프로세스가 중단되는 경우가 발생할 수 있습니다. 관리 부서 운영 요원의 단순 조치로 처리가 가능한 경우도 있지만 심각한 장애나 예상치 못한 실수로 인해 RPA 업무 자체가 중단될 수 있습니다.

RPA 업무의 정상적인 수행을 담보하기 위한 업무 통제에 대한 최종적인 책임을 누가 부담하느냐를 명확히 정의할 필요가 있습니다.

만약 관리 부서에서 통합 운영으로 단순 운영 업무를 담당하고 있더라도, 업무상 오류 발생에 따른 최종 리스크 관리는 해당 업무 부서에서 담당하는 것이 바람직합니다.

RPA 업무 특성상 많은 업무를 사람이 하는 것과 유사한 방식으로 운영하기 때문에 업무 진행 시 발생하는 상황에 있어서도 수작업과 마찬가지로 사람이 판단해야 하는 부분이 많을 수밖에 없습니다. 운영 시에 발생하는 상황에 대하여 업무 부서에 즉각적으로 통지하고 추후 작업에 대한 통제를 받게 되는데 이때 업무 부서 담당자의 적극적인 참여가 필요합니다.

업무 부서 담당자가 RPA 업무에 대한 관심이 없는 경우에 업무에 대한 리스크가 커질 수밖에 없습니다. 이런 이유 때문에 업무 운영에 대한 최종 책임은 RPA 업무 부서에서 가지게 되는 것이 바람직합니다. 만약 이러한 합의가 없다면 사내 RPA 업무의 모든 리스크가 관리 부서에 집중되는 위험 요소가 됩니다. RPA 관리 부서와 업무 부서 간의 적정한 리스크 분담은 RPA 운영 인력을 최소화하고 RPA 프로세스의 안정적인 운용을 약속하게 됩니다.

07 RPA의 프로세스 리스크 관리

RPA 업무의 프로세스 리스크 관리는 개발 측면뿐만 아니라 업무적인 측면에서 리스크를 평가하고 헤지[hedge]할 수 있는 대책 수립이 필요하고 이는 RPA 관리자의 핵심 역량에 속하는 내용입니다.

RPA는 유저 인터페이스에 기반해 시스템 외적으로 자동화하는 방식입니다. 한번 RPA 프로세스가 잘못 운영되기 시작하면 폭주하는 기관차와 같이 위험한 상태가 될 수 있습니다. 언어텐디드 RPA[Unattended RPA]는 말 그대로 관리자가 없는 상태로 운영되는 형식으로, 오류 발생을 제어하지 못한다면 오류가 반복적으로 발생함으로써 업무상 리스크가 걷잡을 수없이 커질 수밖에 없습니다.

다양한 리스크를 관리하고 최소화 또는, 제거할 수 있는 것이 RPA 관리자의 진정한 노하우라고 할 수 있습니다. 리스크를 관리하는 것은 기술적인 부분과 업무적인 부분으로 나누어 볼 수 있습니다. 먼저 기술적인 부분은 어떠한 프로세스가 어떠한 형태의 오류가 발생하는지에 따라 정해진 방식으로 대응을 할 수 있도록 하는 것입니다. 작업에 드는 시간이나 횟수 등의 제한을 통하여 오류 발생 시 정해진 분량만큼의 작업만 수행할 수 있도록 제어함으로써 업무의 리스크를 최소화하도록 설계 및 구현되어야 합니다. 물론 작업 중 발생한 오류에 대하여 책임 있는 직원에게 지체되지 않게 상황을 전달하는 것 또한 중요한 일입니다.

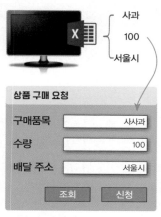

사과
100
서울시

항목 레벨
- 입력 요청 복사값과 해당 항목의 붙여 넣기 값 비교
- 실패인 경우 항목 혹은, 전체 화면 초기화
- 사례 : 사과 ≠ 사사과

화면
- 화면 내 아이템별 재처리 가능 여부 결정
- 신청의 경우 오류 시 재시도에 따른 리스크
- 오류로 100번 신청 시 1만 개 주문 발생
- 다양한(금전적, 법률적, 평판) 리스크 발생

Process
- 여러 화면이 하나의 프로세스 구성 시 오류 화면에서 처리 진행 가능 여부 확인
- 작업 성격별 리스크 요인 분석 및 처리

상품 구매 요청

구매품목	사사과
수량	100
배달 주소	서울시

조회   신청

그림 1-10 RPA 프로세스 리스크 구분 및 관리 방안

기술적인 내용과 비즈니스 측면 공통적으로 항목별, 화면별, 프로세스별로 구분하여 리스크 관리 내용을 삽입할 수 있습니다. 기술적인 관리 포인트는 앞서 본 내용과 같이 항목값 초기화 및 재점검, 화면 초기화, 화면 내 실행 내용 구분, 프로세스별 재작업 처리 등 다양한 방법으로 관리할 수 있습니다.

다음으로 무엇보다 중요한 것은 비즈니스 측면에서 리스크를 판단하여 처리할 수 있도록 하는 것입니다. 이 부분에서 내부에 RPA 담당자의 판단 능력 및 운영 노하우가 중요한 부분입니다. 업무의 성격을 기반으로 오류 거래가 발생할 경우 해당 거래로 파급되는 위험성, 복구하는 데 드는 시간 및 비용 등을 파악하여 제어할 수 있는 점검 포인트가 RPA 프로세스 내에 삽입될 수 있도록 합니다.

RPA 개발자의 입장에서는 해당 업무가 잘못 수행되었을 경우에 어떠한 결과가 발생하는지에 대한 예측을 할 수 없습니다. 예상하지 못한 오류가 발생하는 경우 RPA 개발자 입장에서는 단순한 오류 조치 후 해당 RPA 프로세스를 계속적으로 수행하는 것에 초점을 맞추게 되어 있습니다. 하지만 이러한 접근은 오히려 RPA의 품질 및 기대효과에 치명적인 약점을 제공하는 단초가 될 수 있습니다.

개발자에게 각 프로세스의 리스크가 어느 정도인지, 또한 예방을 위하여 해야 하는 비즈니스 측면의 체크 포인트가 무엇인지를 정확하게 제시하고 공동 작업을 할 수 있는 것이 리스크 관리의 핵심이라고 할 수 있습니다.

비즈니스 측면의 관리 포인트는 기술적인 관점에서는 RPA 프로세스가 계속 진행하는 것에 중점을 둔다는 것과 달리 임계치를 설정하고 위험치가 초과되지 않도록 제어하는 역할을 한다는 것이 차이점입니다.

> RPA 프로세스의 리스크 평가는 개발자가 확인할 수 있는 기술적인 관점에 머물지 않고 해당 업무가 오류로 수행됨에 따른 비즈니스 리스크를 측정하여 관리하는 것이 중요합니다. 그렇기에 도입 담당자의 역할이 가장 중요하고 운영 노하우가 빛을 발하게 되는 부분입니다.

또한 RPA 시스템 장애에 따른 리스크는 새로운 형태의 BCP[Business Continuous Planning] 수립을 필요로 하게 됩니다. 일반적인 BCP에 부가하여 안정적인 RPA 시스템 운영으로 인하여 해당 업무가 부서에서 완전히 잊힌 업무가 되지 않도록 관리하는 내용도 포함되어야 합니다.

08 개인정보 보호

> 개인정보 보호 부분에서 수집, 저장, 제공의 항목은 필수적으로 점검하여야 리스크를 최소화할 수 있습니다.

개인정보 처리는 아래에서 보다시피 수집, 생성에서부터 파기에 이르기까지 많은 처리 형태를 가지고 있습니다. 개인정보 처리의 여러 단계 중에서도 RPA를 통하여 수행되는 개인정보의 수집과 저장, 제공의 세 항목은 면밀하게 살펴볼 필요가 있습니다.

가장 먼저 공통적으로 고려할 사항은 RPA 로봇의 권한을 일하는 범위에 맞추어 제한을 두는 것입니다.

RPA 로봇을 통하여 개인정보 데이터를 처리하는 경우 RPA 로봇이 아무런 제한 없이 데이터에 접근하고 처리하는 것은 바람직하지 않습니다. 각각의 RPA 역할에 맞는 데이터 접근 권한의 제어가 매우 중요합니다.

용어정의 개인정보 보호법

[시행 2017. 10. 19.] [법률 제14839호, 2017. 7. 26., 타법개정]

…

중략

…

제2조(정의) 이 법에서 사용하는 용어의 뜻은 다음과 같다. 〈개정 2014. 3. 24.〉

1. "개인정보"란 살아 있는 개인에 관한 정보로서 성명, 주민등록번호 및 영상 등을 통하여 개인을 알아볼 수 있는 정보(해당 정보만으로는 특정 개인을 알아볼 수 없더라도 다른 정보와 쉽게 결합하여 알아볼 수 있는 것을 포함한다)를 말한다.
2. "처리"란 개인정보의 수집, 생성, 연계, 연동, 기록, 저장, 보유, 가공, 편집, 검색, 출력, 정정(訂正), 복구, 이용, 제공, 공개, 파기(破棄), 그 밖에 이와 유사한 행위를 말한다.

…

중략

개인정보 보호의 세부적인 항목별로 접근하여 볼 때 개인정보 보호 대상 영역은 매우 다양하지만 그중에서도 RPA 관리자가 꼭 확인해야 할 부분을 살펴보겠습니다.

첫 번째로 개인정보나 민감정보의 수집에 관한 부분입니다. RPA 로봇을 여러 대 운영하다 보면 RPA 관리자가 전체 RPA 로봇의 암호를 하나로 통합해 운영하는 경우가 있는데, 여기에 더하여 하나의 로봇 PC에서 사내 모든 부서의 자료에 접근이 된다면 개인정보 보호 측면에서는 바람직한 방식이라고 보기에 어렵습니다. 만약에 RPA 로봇이 통일된 암호를 가지고 있다면 최소한 각 로봇 PC 별로 접근이 가능한 데이터를 제어하는 것을 필수적으로 고려하여야 합니다.

사내의 모든 정보가 단 하나의 사번과 암호로 접근이 가능하다는 것은 그만큼 커다란 위험에 노출되어 있다고 볼 수 있습니다. 하나의 RPA 로봇이 접근 가능한 개인정보의 수집량을 최소화하도록 합니다. 추가적으로 RPA 로봇의 암호를 주기적으로 변경하는 정책을 통하여 접근되는 정보의 양을 제어할 필요가 있습니다.

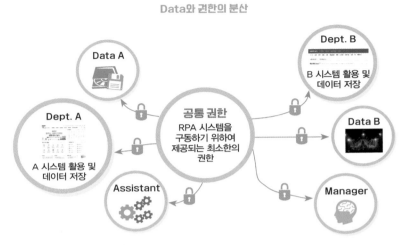

그림 1-11 Data와 권한의 분산

두 번째로 RPA 로봇에 개인정보를 저장하는 내용입니다.

개인정보 저장의 경우에는 RPA 로봇의 경우 클라이언트에서 작업이 수행되는 특성이 있어 정보처리 도중에 고객의 민감 데이터가 여러 가지 형태로 개별 로봇 PC에 저장되는 상황이 발생할 수 있습니다. 작업 처리 중 저장된 정보를 작업이 완료된 이후에 체계적으로 지울 수 있도록 강제하는 것이 필요합니다. RPA 프로세스 작성 시 참조할 수 있는 구체적인 가이드라인을 제공함으로써 각각의 프로세스에서 해당 정보에 대한 처리가 종료된 이후에는 주요한 정보가 저장되어 있는 자료를 작업 종료 직후 혹은, 제한된 기간 내에 삭제 처리하도록 합니다.

이는 RPA 로봇 PC에 국한되지 않고 만약에 RPA 서버에 개인정보가 저장되는 형태라면 작업 종료 후 서버에 저장된 정보의 삭제 또한 누락되지 않도록 관리되어야 합니다.

마지막으로 정보 제공에 대한 부분입니다. 정보 제공은 내 · 외부 제공 업무가 모두 포함되지만 그중에서도 외부에 중요한 개인정보를 제공하는 절차에 대하여 다른 무엇보다도 엄격한 관리가 필요합니다. RPA 프로세스의 오류 수행뿐 아니라 인가되지 않은 사람이 데이터를 탈취할 경우에 대비할 필요가 있습니다.

RPA 로봇의 오류 수행에 따른 정보의 유출 차단에 대한 부분은 최종적으로 정보 제공 시에 추가적으로 확인하는 절차를 마련하거나 제공되는 정보의 양을 최소화하는 고려가 필요합니다.

인가되지 않은 사람의 접근은 제공 처리뿐만 아니라 정보의 조회 및 처리에도 위험을 초래할 수 있습니다. 이를 예방하기 위하여 RPA 로봇 PC의 패스워드 암호화 및 주기적 변경은 필수적이며 패스워드의 변경 주기를 최소화할 필요가 있습니다. 또한 접근 통제 등(等) 물리적인 보안정책을 통하여 허용되지 않는 사람의 접근을 통제하는 대책이 수립되어야 할 것입니다.

09 RPA 확산을 위한 고려 사항

> RPA 도입의 범위가 넓다면 엔터프라이즈 레벨의 서비스가 가능하도록
> 제반 준비 사항을 선제적으로 갖추는 것이 중요합니다.

RPA 도입의 최종적인 목표에 도달하기까지의 기간 및 투자 규모에 대한 고민이 필요합니다. 최종 활용 범위가 사내 일부 부서인지, 전사적 적용인지, 더 나아가서 글로벌 확산인지를 명확히 해야 합니다. 이에 따른 자원의 확보, RPA 기본 아키텍처의 적용에 대한 고민을 해야 합니다.

만약에 대규모의 도입이 필요 없고, 제한적인 사용을 전제로 한다면 RPA 시스템에 대한 많은 고민이 없어지게 될 것입니다. 하지만 RPA 시스템이 사내를 벗어나 그룹사나 글로벌 조직에서 활용하는 주요 서비스가 될 수 있도록 고려하는 경우에는 장기적이고 대규모의 투자가 필요합니다. 여기에는 다음 장에서 다루게 될 RPA 아키텍처에

관한 고민이나 RPA 서비스의 플랫폼화에 관한 고민이 필요합니다.

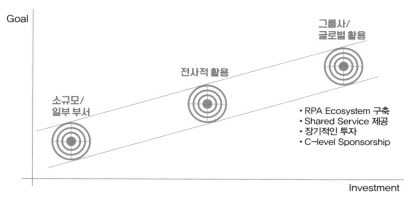

그림 1-12 RPA 최종 목표 설정

최초에 이런 부분에 대한 고민이 선행되지 않는다면 RPA 시스템이 커질수록 중복 투자로 인한 비효율성과 운영 리스크가 기하급수적으로 커지면서 관리상의 부담이 걷잡을 수 없게 됩니다. 이러한 시행착오를 예방하기 위해서는 최소한 조직 내에서 RPA에 거는 기대감 및 확산의 범위에 대하여 사전적으로 정의하는 작업이 필요합니다.

대규모의 RPA 업무를 운용하려는 경우에는 많은 고려 사항이 생겨나게 됩니다. 작업 오류가 발생한 경우 사용자의 개입이 최소화된 상태에서 재작업을 수행하고, 각 작업 결과에 대해 담당자에게 적절한 통지 혹은, 업무 보고가 이뤄져야 합니다. RPA 로봇 한 대에 하나의 업무가 하루 종일 운영되지 않는 이상 라이선스 활용을 최대화할 수 있는 방식이 고려되어야 합니다. 업무 운영을 위한 자원관리 측면에서 대형 시스템의 경우 스케줄에 대한 고민이 필요 없지만 RPA 업무는 분산된 PC 환경에서 운영되기 때문에 보다 정교한 작업 스케줄 관리가 필요합니다.

안정된 운영 목표를 달성하기 위해서는 단순한 RPA 프로세스 적용에 만족하지 않고 아키텍처를 포함한 고도화된 RPA 운영환경 구축에 대하여 고민하고 운영 중에 얻게 되는 값진 RPA 운영 노하우를 관리하게 된다면 사내의 RPA 업무를 지속적으로 확대하는 데

도움이 될 것입니다. 하지만 소규모 업무만을 운영하고자 한다면 고도화된 운영 시스템 도입에 소요되는 많은 비용과 노력이 허용되지 않을 수 있습니다.

프로젝트를 시작하는 순간부터 활용 범위를 예상하기는 쉽지 않지만 적어도 어느 수준에 이르고자 하는지에 대한 내부적 합의가 선행되어야 보다 효과적인 추진 로드맵을 설정할 수 있습니다.

10 RPA를 통한 직원의 변화 관리

RPA를 활용하는 직원들뿐 아니라 조직 내 인력 관리 부서와도 협의하여
RPA를 통한 디지털 트랜스포메이션의 효과가 조직 내에 전파될 수 있도록 관리해야 합니다.

RPA 도입은 하나의 작업을 여러 개의 프로세스로 분리하여 지루하고 답답한 부분을 RPA 프로세스로 대체함으로써 직원의 만족도가 높은 편입니다. 또한 최근에 사회적인 이슈로 대두되고 있는 주 40시간 근무를 통한 워라밸 달성의 주요한 수단이 될 수 있습니다. 그렇다면 RPA를 적용한 이후 직원들의 변화는 무엇이 있을까요? 종종 단순 반복 작업이 없어지기 때문에 업무시간 감소 여부에 대한 질문을 받곤 합니다. 당연히 동일한 업무량이 지속된다면 실제 근무하는 시간이 단축되는 효과가 있습니다. 기존에 일과 시간 내 작업을 마치지 못하고 야근을 하는 경우라면 당연히 야근하는 시간의 단축이 기대됩니다. 하지만 근무 시간의 감소만이 아니라 매우 고단하고 지루했던 단순 반복 작업의 제거가 더욱 중요한 변화라 할 수 있습니다.

Thinking Through How Automation Will Affect Your Workforce
by Ravin Jesuthasan and John Boudreau

1. **Start with the work, not the "job" or the technology.**
2. **Understand the different work automation opportunities.** AI can support three types of automation: robotic process automation (RPA), cognitive automation, and social robotics.
3. **Manage the decoupling of work from the organization.**
4. **Re-envision the organization**

그림 1-13 출처 Harvard Business Review

핵심 역량에 집중할 수 있도록 지원하는 역할, 그것이 RPA의 진정한 가치라 할 수 있습니다. RPA가 단순 자동화의 범주에서 벗어나 디지털 트랜스포메이션의 도구라고 하는 것은 앞의 [그림 1-13]과 RPA 포지셔닝에서 다루었던 내용에도 언급되어 있습니다. 일에 대한 정의를 바꾸고, 새로운 서비스와 보다 창의적인 업무에 집중할 수 있도록 지원하고, 이러한 업무 방식의 질적인 변화에 직원들이 적응할 수 있도록 도와주는 역할을 RPA C.o.E와 사내 인력 운영 담당자들 간의 협업을 통하여 수행합니다.

Lesson

04 RPA 도입을 위한 운영 인프라 구축

RPA 도입을 준비하는 내용 중에 환경적인 측면에 대한 고민이 필요합니다. RPA 도입 이전에 준비되어야 하는 인프라 부분은 크게 RPA 로봇의 물리적 운영환경 구축, 운영 인력의 구성, RPA 로봇 하드웨어 구성 방식에 대한 고려를 할 수 있습니다.

RPA 운영 인프라에 관한 내용은 선택 사항으로 나뉘는 것들이 있습니다. 각 사의 상황에 맞추어 가장 적합한 방식을 선택합니다.

그림 1-14 RPA 도입 전 운영 인프라 구축

01 로봇 PC 구성 방식의 결정

RPA 로봇의 구성 방식은 PC, 데스크톱 가상화(VDI) 중 선택하여 구성이 가능합니다.

RPA 시스템은 크게 로봇의 작업을 제어하는 RPA 서버 부분과 부여된 업무를 실제로 수행하는 RPA 로봇으로 나누어 볼 수 있습니다. 소규모의 경우 별도의 서버를 구축하지 않고 PC에서 모든 업무를 수행하는 스탠드 얼론^{Stand-alone} 방식으로 수행하기도 하지만, 대부분의 회사는 서버와 RPA 로봇으로 나누어 구축하고 있습니다. 먼저 RPA 서버의 경우 회사마다 하드웨어 종류, 하드웨어 이중화 구성, 보안정책, 서버 모니터링에 관한 고유의 정책을 가지고 있어 특별한 경우를 제외하고는 새롭게 구성하고자 하는 RPA 서버 또한 해당 정책을 따라야만 할 것입니다.

최근에는 RPA 업무를 클라우드에서 운영하고자 하는 기업도 있고 해당 서비스를 발표하는 RPA 벤더들도 많이 있습니다. 클라우드 기반의 RPA 서비스를 운영하는 것은 서비스 제공 범위가 쉽게 확대될 수 있는 장점이 있지만 본서에서는 [그림 1-15]에서와 같이 사내에 온-프라미스 형태의 RPA 서버를 구축하는 것을 기본으로 하여 설명을 진행하겠습니다.

RPA 시스템 구성도

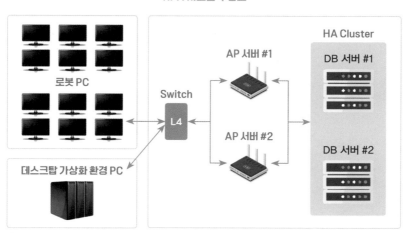

그림 1-15 RPA 시스템 구성도(일반)

RPA 서버 시스템 구성 방안은 대기업의 경우 사내의 서버정책에 따라 애플리케이션^{AP} 서버, 데이터베이스^{DB} 서버의 이중화 구성을 통하여 운영의 안정성을 확보하고자 하는 회사가 많을 것입니다. 이에 추가적으로 개발, 테스트, 재해 복구 시스템의 추가 구성,

서버 시스템 관리 프로세스의 설치 등 많은 내용을 회사의 기본적인 정책에 따라 진행해야 합니다. 그리고 RPA 서버 설치 장소 선정 및 기타 제약 사항 또한 사내 정책에 따라 주어지는 것이 일반적일 것입니다.

서버 구성의 선택을 제외하고 사용자가 개별적으로 선택할 수 있는 부분은 RPA 로봇 구성에 국한되는 경우가 많습니다. RPA 로봇을 실제 PC로 할 것인지, 아니면 데스크톱 가상화 VDI PC를 통한 가상환경의 구성을 하게 될 것인지에 대한 선택이 필요합니다.

용어정의 **데스크탑 가상화[Virtual Desktop Infrastructure]**

데스크톱 가상화(VDI, Virtual Desktop Infrastructure)란 물리적으로 존재하진 않지만 실제 작동하는 컴퓨터 안에서 작동하는 또 하나의 컴퓨터를 만들 수 있는 기술이다. 한마디로 컴퓨터 속에 또 다른 가상 컴퓨터를 만들 수 있게 돕는 기술이다. 데스크톱 가상화는 데이터 센터에 있는 서버를 컴퓨터 작업을 실행하는 데 필요한 본체로 활용한다. 그 덕분에 사용자는 모니터, 키보드, 마우스만으로도 컴퓨터를 쓸 수 있다. 출처 + 네이버 IT 용어 사전

아래의 [표 1-5]에서 물리적 PC 환경 구성과 데스크톱 가상화 환경 간의 차이점을 정리해 보았습니다.

가상화 환경(VDI)	구분	물리적 로봇 PC
상대적으로 높음	초기 도입 비용	초기 도입 비용 저렴
대규모 운영 시 공간 활용성 우수	처리 공간	대규모 확장 시 부담 증가
가상환경 구성 단위 장애 발생	장애의 파급 정도	개별 로봇 PC 단위
전문적인 관리 직원 필요	하드웨어 유지 보수 인력	단순 관리 가능
중앙 집중화	장애 모니터링	개별 로봇 PC

표 1-5 RPA 로봇 PC 구성 방식 비교

실제 물리적 PC를 가지고 RPA 업무를 수행하는 경우에는 다음과 같은 장점이 있습니다. 가장 먼저 초기 RPA 로봇 구성에 대한 비용이 적게 소요됩니다. 공간에 대한 비용이 추가되지만 설치 대수가 적은 경우에는 이에 대한 비용 부담이 크지 않습니다. 운영과 관

련해서는 장애에 대한 직관적인 모니터링이 가능하고 장애가 발생한 경우에는 그 범위가 개별 PC에 한정되어 영향도가 최소화되고 직접 조작을 통해 장애를 해소할 수 있다는 장점이 있습니다. 하지만 윈도우나 보안 업데이트 등으로 인한 장애 발생 시 수정이나 조치에 대한 작업 물량이 많이 발생할 수 있고, 이를 관리하는 부담이 클 수밖에 없습니다.

데스크톱 가상화^{이하 VDI} 환경을 통한 로봇 PC 구현의 경우에는 다음과 같은 장점이 있습니다. 먼저 개별적인 로봇의 구성 및 관리에 대한 부담을 최소화할 수 있습니다. 일반적으로 VDI PC는 사내 데이터 센터에 설치되므로 전문적인 관리를 통해 하드웨어 운영 환경을 최상의 상태로 유지하기 용이합니다. 또한 IT를 운영하는 조직에서 시스템의 모니터링, 유지 보수 등의 작업을 수행함으로써 RPA 로봇을 최상의 환경에서 운영할 수 있습니다.

각각의 방식에서의 단점은 물리적인 PC의 경우 운영 공간이 지속적으로 커지는 부담이 있고 VDI의 경우에는 상대적으로 비싼 도입 비용과 장애 시 파급 범위가 상대적으로 크다는 점입니다.

RPA 로봇의 구성은 나머지 두 가지 인프라 구성 요소와 함께 고민하여 결정해야 할 사항입니다.

02 RPA 로봇 운영 공간의 확보

> RPA 로봇을 통합하여 관리하고자 하는 경우에는
> 중장기적인 계획에 근거하여 운영 공간을 마련하는 것이
> 중복 투자 및 작업의 효율성을 높일 수 있는 방안입니다.

RPA 로봇을 원활히 운영하기 위해서는 운영 공간에 대한 고민이 필요합니다. 물리적인 PC를 활용하여 구축하는 방식으로 진행하려면 해당 로봇 PC를 운영할 수 있는 공간의 확보가 필요합니다. 워터폴 방식으로 프로젝트를 추진하지 않는 경우에는 RPA 로봇 운영 공간의 확장이 지속적인 과제로 등장하게 됩니다. RPA 운영에 필요한 공간 확보에 대한 중장기적 대책 수립과 함께 장기적인 방안으로 데스크톱 가상화 방식으로의 전환에 대한 고민도 함께 진행하도록 합니다.

보안 측면에서 RPA를 언급할 때 많이 언급되는 단어로 'unattended'가 있는데, 이는 '감독을 하지 않는다.'는 뜻입니다. 그렇다면 감독을 하지 않는 로봇 PC를 어떻게 운영하여야 할까요?

만약 해당 로봇에서 수행하는 작업이 개인정보나 금전적인 리스크와 관계없이 수행될 수 있다면 배치 장소에 크게 구애받을 필요가 없습니다.

하지만 해당 로봇에서 수행되는 작업이 개인정보의 유출 우려나 부정행위에 의한 작업으로 인하여 금전적, 평판적 리스크 등이 발생할 수 있다면 어떻게 하는 것이 좋을까요?

RPA가 수행하는 작업이 민감한 고객정보 취급, 금전적인 처리, 기업의 평판과 관련된 정보 처리에 해당되는 경우에는 해당 프로세스를 담당하게 되는 RPA 로봇의 관리에 각별한 주의를 기울이도록 합니다.

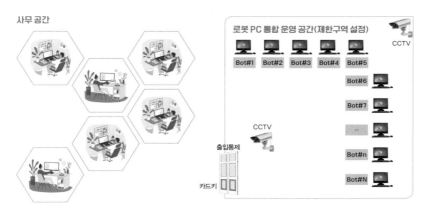

그림 1-16 통합된 RPA 운영 공간 구성

물리적인 환경 구축에 있어 사내 보안정책에 따라 제한된 공간 확보 및 접근을 통제하는 CCTV와 출입 관리 시스템의 설치, 출입 관리 담당자 지정이 필요할 수 있습니다. 개별 회사의 정책과 규모에 맞게 규정하되, 최소한 로봇 PC가 방치되는 일은 없도록 해야 합니다.

통합된 운영 공간은 보안 측면 이외에도 대량의 RPA 로봇이 운영됨으로써 발생하는 일로 인한 화재 예방 등 시설관리에도 세심한 주의가 필요합니다.

03 인력 구성

RPA 운영 인력은 RPA 업무에 있어 추가적인 부담으로 인식되는 부분이고 특히 단순업무 진행 인력의 필요성은 다른 전산화 및 업무 자동화와 상이한 점이라고 할 수 있습니다. RPA 운영과 관련된 인력의 구성은 크게 RPA 업무 기획, RPA 유지 보수, RPA 단순 운영의 세 그룹으로 나누어 볼 수 있습니다.

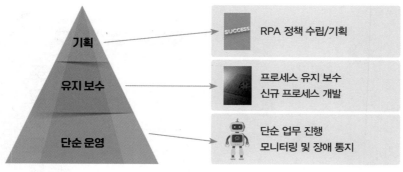

그림 1-17 RPA 운영 인력의 구성

① 단순 운영

먼저 단순 운영 업무부터 살펴보겠습니다. 단순 업무 진행을 담당하게 되는 직원의 업무는 운영 중인 RPA 프로세스에 대해 어느 정도 이해하고 있다면 특별한 IT 관련 지식 없이도 수행할 수 있습니다. 이 역할에서는 화면상 오류에 대한 단순 조치 및 타 부서와의 의사소통이 가장 중요합니다.

단순 운영을 담당하는 직원이 수행하게 되는 주요 작업 목록을 살펴보면 다음과 같습니다.

- 로봇 PC 화면상의 오류 인지 및 작업 진행을 위한 단순 조작
- 프로세스 완료 여부 점검 및 오류 작업의 재수행
- 작업의 스케줄 등록 및 조정
- 통합 운영 공간 및 운영 매뉴얼 관리
- 운영 중인 시스템의 변경 예정 사항 모니터링 및 유지 보수 담당자 전달

단순 운영 담당자의 가장 주요한 임무는 업무가 신속하게 진행될 수 있도록 RPA 로봇의 상태를 모니터링하고 이상 상황 발생 시 조치가 가능한 적임자에게 상황을 빠르게 전달하는 것입니다.

❷ 유지 보수

화면상의 단순 오류를 처리하는 단순 운영요원의 역할을 벗어나는 프로세스의 수정이나 별도 조치가 필요한 업무를 수행하는 인력입니다. 유지 보수를 담당하는 직원들은 RPA 개발 능력과 함께 운영대상 시스템의 특성에 대한 기본적인 지식이 필요합니다. 유지 보수 직원의 부담을 가중시키는 요소이지만 신속 정확한 유지 보수를 위하여 RPA 업무가 적용된 대상 시스템별 특성과 각각의 프로세스의 특징을 정확하게 파악하도록 노력해야 합니다.

유지 보수를 담당하는 직원들이 수행하는 주요 업무는 다음과 같습니다.

- 대상 시스템의 변경에 따른 RPA 소스의 변경
- RPA 소프트웨어 업그레이드 등 관련 소프트웨어의 관리
- RPA 하드웨어 시스템의 유지 보수와 관련된 업무 지원

해당 인력은 개발 인력으로 분류가 가능합니다. RPA 관리 부서가 아닌 IT를 담당하는 별도의 조직에 속하여 업무를 수행할 수 있지만 RPA 로봇에 신속하게 접근할 수 있는 환경 구축이 필요합니다. RPA 오류를 디버깅하기 위해서는 RPA 로봇의 오류 화면을 확인해야 하기 때문에 물리적 PC로 RPA 로봇을 운영하는 경우 해당 자원의 근거리에서 근무하도록 합니다.

❸ RPA 업무 기획 및 프로젝트 운영

RPA 업무의 기획 및 프로젝트 운영을 담당하게 되는 직원은 RPA 거버넌스에서 언급되었던 특정 부서나 RPA C.o.E에서 담당하게 됩니다.

해당 직원들이 수행하는 업무는 다음과 같습니다.

- RPA 업무 선정 가이드라인 수립 및 운영
- RPA 프로젝트 추진, RPA 아키텍처 수립
- RPA 운영 모델의 수립 및 고도화 등

실질적으로 RPA 업무에 대하여 사내에서 가장 핵심적인 역할을 담당하는 인원이고 해당 인력의 전문성이 곧 해당 회사의 RPA 경쟁력으로 귀결됩니다.

이상으로 RPA 도입을 위한 환경 구축 시 필요한 3가지 내용을 살펴보았습니다. 인력과 RPA 로봇 운영 공간, 그리고 RPA 로봇 구성에 대한 정책은 최초에 결정된 이후에도 운영 규모의 확대나 인력 자원의 확보 상황에 따라 변경될 수 있습니다.

조직에서 RPA를 둘러싼 환경은 지속적으로 변화하게 됩니다. 특히 RPA 업무가 계속 확대되어 RPA 로봇이 늘어나게 되면 기존의 RPA 운영 공간이 협소하게 되어 새로운 공간으로 확장 이전이 필요하게 됩니다. RPA 로봇 PC의 이동 배치 및 운영환경 구축 공사가 자주 발생하게 된다면 RPA 로봇의 PC 형태 구성 방식은 비효율적인 선택이 될 수 있습니다. 중복투자 또는 매몰 비용이 발생하지 않도록 중장기적인 관점에서 운영 인프라에 관한 선택을 진행합니다.

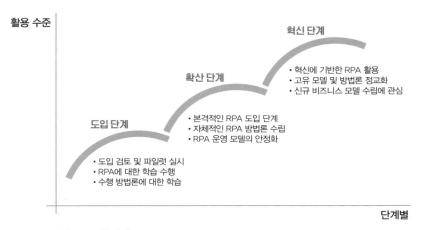

그림 1-18 사내 RPA 진행 단계

운영 인프라를 포함하여 운영 모델 및 고유의 방법론에 대하여는 RPA 도입 단계부터 시작하여 확산 단계, 혁신 단계에 이르는 동안 RPA C.o.E 직원들이 시기와 상황에 맞추어 전략적인 방향을 검토하고 필요하면 수정 및 발전시켜 나가도록 합니다. 도입 단계에서 확산 및 혁신 단계를 거치면서 이전 단계에서 선택한 방안에 대한 수정이 발생할 수 있다는 유연함을 견지하되 중요한 기준은 지켜나갈 수 있도록 합니다.

RPA 기대효과

RPA 기대효과는 단순히 인력 절감효과에 그치지 않고 프로세스 혁신에 따른 새로운 고객 경험의 기회 제공과 함께 직원들의 일하는 방식의 변화를 이끌어 내는 것입니다.

RPA 효과를 측정하는 것에는 여러 가지 의견으로 나뉠 수 있습니다. 우선 작업의 질을 떠나서 양을 기준으로 한다면 과연 어떤 부분을 RPA의 효과로 보아야 하느냐는 고민을 할 수 있습니다. RPA로 처리하는 프로세스^{과제} 수인지 처리 시간인지 아니면 제3의 요소가 있는지 각자의 기준이 있을 수 있습니다.

RPA가 국내에 도입된 이후 수많은 언론 매체에서 회사의 RPA 운영 규모 등을 통하여 RPA 효과를 예측하는 내용이 보도되었습니다. RPA에 대한 이해도가 높아지면서 시기별로 기대효과를 바라보는 기준이 변화하는 것을 살펴보겠습니다.

그림 1-19 RPA 기대효과 평가지표의 변화

가장 먼저 시장에서 RPA의 기대효과에 대한 측정치로 제시된 기준은 회사 내에 적용된 과제의 수입니다. 물론 과제의 수는 기본적으로 투입되는 개발 인력의 숫자에 비례하기에 완전히 틀린 내용이라 할 수 없습니다. 하지만 프로세스의 크기는 사내에서도 각기 상이하고 더욱이 업종별, RPA 소프트웨어별 많은 차이가 있을 수 있습니다. 따라서 정확한 운영 규모를 가늠하기 위해서는 해당 회사 내의 적용된 과제의 수와 함께 여러 보조지표를 결합하여 사용합니다.

RPA 프로세스 개수로 기대효과를 측정하는 방식의 보조지표로는 실제로 사용 중인 로봇의 대수를 활용할 수 있습니다. 결국 기업에서 RPA 사용 비용을 지불하게 되는 단위가 로봇의 개수가 되기에 실질적인 RPA 기대효과는 RPA 로봇의 대수에 귀결되는 것이 좀 더 설득력이 있다고 할 수 있습니다.

RPA 기대효과의 측정

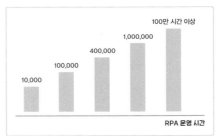

그림 1-20 RPA 기대효과의 측정(시간 기준)

2019년 이후에는 RPA에 대한 인식이 높아지고 도입한 기업이 늘어나면서 RPA 운영 시간이 좀 더 주요한 기대효과의 지표로 활용되기 시작하였습니다. RPA 운영 시간을 기대효과의 측정지표로 활용하려는 경우에는 RPA가 국내에 소개되었던 초기에 RPA 공급회사나 컨설팅을 담당하던 회사에서 거론하였던 RPA의 엄청난 처리 속도에 대한 문제부터 확인할 필요가 있습니다.

RPA가 업무를 수행하는 방식은 User Interface를 기반으로 하게 되고 이 방식에서 업무 진행을 하기 위해서는 처리 단계의 진전을 가늠할 수 있는 명확한 신호가 필요합니다. 화면의 구성이나 시스템의 특성으로 인해 명확한 업무 진행에 대한 인지가 어려울 수 있습니다. 이런 특성으로 인하여 RPA 프로세스가 사람에 비하여 비교할 수 없이 빠르다는 것은 제한적인 업무에 국한된다고 할 수 있습니다.

구분	업무 종류	비고
RPA가 빠른 업무	• Excel 편집 • 자료의 복사, 이동, 입력 • 대량 자료의 대사(reconciliation)	➤단순 업무 위주 ➤RPA에 적용으로 기대효과가 가장 큰 업무
사람과 동일 시간 소요	• 대상 시스템 작동 후 처리 소요 시간 • 외부나 외부에 작업 의뢰 후 작업 결과 전달 시간이 정해진 경우	➤기초 시스템의 응답 시간에 의존 ➤업무 처리 시간의 감소가 힘든 부분
RPA가 느린 업무	• 명확한 작업 진행 결과 확인이 어려운 업무 • 사람이 직관적으로 화면에서 작업 결과를 판정할 수 있는 업무	➤작업의 결과가 팝업 창이나 결과값 표시 등의 수단으로 명확히 전달이 되지 않는 경우

표 1-6 RPA와 사람의 처리 속도 비교

[표 1-6]에서 구분하여 보면 RPA와 사람은 각기 강점이 있는 영역에서 보다 효과적이고 신속하게 업무를 처리할 수 있습니다. 각각의 특징을 잘 이해하고 사람과 RPA의 각각의 단점을 보완하여 시너지 효과를 거둘 수 있도록 합니다.

여기에서 간과하기 쉬운 것은 RPA 로봇을 이용하여 구동하는 시스템의 업무 수행시간이 사람이 수행하는 경우와 동일하다는 것입니다. RPA가 업무를 의뢰하고 나서 결과를 확인하는 시점까지 대기하는 시간이 필요합니다. 불필요한 대기 시간이 매우 긴 경우에는 RPA 기대효과가 반감될 수밖에 없습니다.

이렇게 수행시간을 논의하는 이유는 사람이 수행하는 업무의 시간이 RPA의 기대효과가 되는 것인지 아니면 RPA 로봇이 수행하는 업무의 시간이 RPA의 기대효과가 되는지 짚고 넘어가야 하기 때문입니다. RPA 운영 시간을 기초로 기대효과를 측정하는 기준을 마련하는 시점에서 가장 혼동하기 쉬운 부분이기도 합니다.

이 부분을 자세하게 다루는 이유는 사내에서 사업의 기대효과에 대한 가장 직접적인 평가를 받게 되고 또한 가장 직관적으로 인식되는 부분이 인력 즉 업무 담당 인원의 증감에 대한 평가이기 때문입니다. 좀 더 이해하기 쉽도록 예를 들어 설명하겠습니다.

사람이 수행하는 경우에 10시간이 소요되는 작업이 RPA 로봇이 수행하는 경우 1시간에 종료가 되는 경우에는 RPA 기대효과를 얼마로 산정해야 하는 것일까요? 반대로 사람이 10시간 동안 수행하던 작업을 RPA 로봇이 20시간에 걸쳐 수행하게 된다면 RPA의 기대효과를 얼마로 산정해야 하는 것일까요?

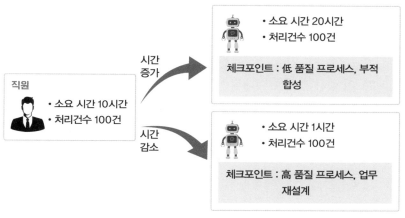

그림 1-21 RPA 기대효과의 측정 기준

결론적으로 말하자면 RPA 업무의 기대효과는 RPA 업무를 적용하기 전에 인력이 수행하던 10시간을 기준으로 하여 효과로 측정하게 되는 것이 적정할 것으로 판단됩니다. RPA로 수행 시 1시간이 소요되었다면 절감된 9시간은 운영에 소요되는 비용을 절감할 수 있는 별개의 요인으로 판단하는 것이 바람직하다고 생각됩니다.

해당 판단을 내리게 되는 근거로써 동일한 업무를 A社에서는 1시간만에 완료하는 RPA 프로세스를 구축했고, B社에서는 20시간 만에 완료하는 RPA에 프로세스를 구성한 경우인 [그림 1-21]의 예를 살펴보겠습니다.

로봇의 수행시간을 RPA 기대효과의 측정기준으로 채택하여 사람이 10시간 하던 업무를 A社의 RPA 로봇이 1시간에 수행하는 것보다 B社 RPA 로봇이 20시간만에 처리하는 것을 높이 평가하게 된다면 프로세스 품질이 좋지 않은 B社의 RPA 기대효과가 크다는 판단을 내리는 우를 범하게 됩니다.

따라서 수행시간에 근거한 RPA 기대효과에 대한 평가는 직원의 절감 시간을 기본으로 하되 엄격한 품질 관리를 바탕으로 사람이 수행한 시간과 비슷한 경우에 RPA 운영 시간을 RPA 기대효과 지표로 활용할 수도 있습니다.

마지막으로 RPA 기대효과의 가장 중요한 부분은 디지털 트렌스포메이션에 따른 업무 개선효과를 언급할 수 있습니다. 사실 이 부분은 각 유형별로 측정에 대한 방식과 평가치를 표준화하기 어려운 점이 있지만 다른 무엇보다도 중요한 요소라고 할 수 있습니다. 좀 더 RPA 의 활용 범위가 확대되는 것에 그치지 않고 사람과 로봇이 협업하는 모델로서 일하는 방식의 변화를 가져오게 된다면 좀 더 높은 평가를 얻을 수 있습니다.

소소한 Tip⚡ 운영환경(로봇 PC)의 표준화 및 성능 향상

데스크톱 가상화VDI, Virtual Desktop Infrastructure가 아닌 일반 PC를 사용하는 경우 가급적 동일한 회사의 동일 기종을 사용하는 것이 업무상 불편 사항을 최소화 할 수 있습니다. 동일한 프로세스의 경우에도 모니터의 사양에 따라 컴퓨터의 특징에 따라 미세하게 다른 동작을 수행하는 경우가 있습니다. 이러한 사소한 문제점들도 로봇 운영 대수가 많아지는 경우 부담으로 작용하기 때문에 가급적 하드웨어 환경의 통일이 필요합니다. RPA 처리 시간을 단축하기 위해서 특정 프로세스의 경우이미지 처리가 많거나 데이터 처리량이 많은 경우에는 메모리 등의 증설을 통하여 좀 더 신속한 결과를 얻도록 관리합니다.

앞서 논의한 RPA 기대효과에 대한 구성 요소를 하나씩 살펴보겠습니다.

RPA 관련 비용 및 기대효과

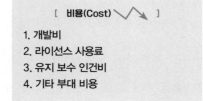

[비용(Cost) ↘]	[효과(Effect) ↗]
1. 개발비	5. 디지털 트렌스포메이션에 따른 업무 개선효과
2. 라이선스 사용료	6. 인력 절감 비용
3. 유지 보수 인건비	7. 기타 기대효과
4. 기타 부대 비용	

그림 1-22 RPA 관련 비용 및 기대효과 요인들

❶ 개발비

해당 프로세스를 개발하기 위하여 투입된 인건비이고, 정확한 비용 산출을 위하여 개발자가 내부 개발자인 경우에도 해당 인건비를 포함합니다.

❷ 라이선스 사용료 또는 RPA S/W 구매 비용

많은 RPA 벤더의 가격정책이 로봇 라이선스 사용료 기준으로 되어 매년 비용을 지불하는 방식으로 되어 있고, 라이선스 구매는 소수에 한합니다.

일반적으로 업그레이드 및 유지 보수에 드는 비용까지 포함한 TCO Total Cost of Ownership 차원의 비용 책정이 필요합니다.

❸ 유지 보수 인건비

RPA 시스템을 유지 보수하는 데 투입되는 인력 비용을 감안해야 합니다. RPA가 레거시 시스템과 차이점이 있는 부분이 운영 유지 보수 인력에 있어 프로세스의 유지 보수와 덧붙여 RPA 로봇의 모니터링을 담당해야 하는 부가적인 부담이 존재합니다.

RPA 프로세스가 적용되어 있는 시스템의 변경이 발생하는 경우 이를 관리하기 위한 유지 보수 인력의 투입이 필요한 것도 운영에 대한 부담으로 작용합니다.

❹ 기타 부대 비용

RPA 시스템을 운영하기 위해 RPA 로봇을 관리하는 별도 공간을 구축하기 위한 비용, RPA 로봇 구매 비용, CCTV 설치나 출입 카드키와 같은 보안 장비, 단순 운영 직원의 배치 등의 관리 비용을 포함합니다.

❺ 디지털 트렌스포메이션에 따른 업무 개선효과

RPA를 통한 효과는 직접적인 효과와 간접적인 효과로 구분할 수가 있습니다. 먼저 직접적인 효과는 RPA를 적용함으로써 얻어지는 프로세스 개선에 따른 효과가 있을 수 있고, RPA를 적용하지 않더라도 RPA를 적용하고자 검토하는 과정에서 새로이 변경된 프로세스를 적용함으로써 얻어지는 간접효과가 있을 수 있습니다.

⑥ 인력절감 비용

RPA 적용에 따른 인력절감 비용을 측정하는 경우에 어느 기준으로 하느냐는 논의가 있을 수 있습니다. 일차적으로 인력절감 비용의 기준은 해당 일을 인력이 수행하는 시간^{공수}에 맞추어 정하도록 합니다. RPA 로봇의 수행 공수는 사람이 하는 것과 비교하여 많을 수도 또 적을 수도 있기 때문입니다. RPA 로봇이 수행하는 공수는 인력절감 비용 이외에도 RPA 프로세스의 품질을 측정하는 지표로 사용할 수도 있습니다.

RPA 수행 공수$^{적은 경우}$ 〈 사람이 수행하는 공수 〈 RPA 수행 공수 $^{많은 경우}$

⑦ 기타 기대효과

사내 디지털 트랜스포메이션에 대한 관심도 제고 및 외부 홍보에 따른 기업의 인지도 향상 등에 따른 부수적인 기대효과가 있을 수 있습니다.

이상으로 RPA 도입과 사전 준비에 관한 작업이 끝났다면 여러분들은 몇 가지 준비된 의사결정 사항을 가지고 프로젝트를 추진하게 될 것입니다. 각 항목들은 유기적으로 복잡하게 얽혀 있어 서로 간에 영향을 주고받으며 또 외부의 환경 변화에 맞추어 지속적인 조정을 필요로 합니다. 사내 RPA 문화가 성숙되면서 점차적으로 고유의 방법론과 운영 모델을 수립하고 발전시켜 나가게 될 것입니다.

 **소소한 Tip**⚡ **인도에 위치한 해외 은행들의 글로벌 서비스 센터**

인도에 가면 미국의 실리콘밸리처럼 다국적 IT 기업들이 위치한 벵갈루루 Bangalore로 많이 쓰임라는 지역이 있습니다. 인도에 방문한 경험이 있는 사람은 잘 알겠지만 공항에 처음 내렸을 때 어슬렁거리며 반겨주는 커다란 개들의 왠지 모를 위압감과 자주 만나보기 힘든 교통 신호등, 그리고 차들이 마치 손잡고 다닌 것처럼 두 차선 정도의 폭에 서너 대의 차가 동시에 다니는 놀라운 경험도 하게 됩니다.

하지만 이러한 이국적인 상황 속에서도 IT 강국이라는 인도의 특성에 맞게 벵갈루루는 세계에서 4번째로 큰 IT 클러스터로서 글로벌 기업들의 서비스 센터들이 많이 자리잡고 있습니다.

▲ SRI RADHA KRISHNA 사원 전경

글로벌 서비스 센터의 개념은 전 세계 여러 나라에서 사업을 영위하는 기업의 경우 특정한 서비스를 하나의 지점에서 제공함으로써 규모의 경제와 더불어 서비스의 품질 향상을 꾀하기 위한 하나의 방법입니다. 벵갈루루에는 골드만 삭스, 소시에떼 제너럴, ANZ 등 해외 유명 은행들의 글로벌 서비스 센터가 위치하고 있습니다.

글로벌 서비스 센터에서는 전 세계의 위치한 해당 기업의 지사들이 요청한 RPA 서비스를 해당 지사의 업무 담당자들과 협의하여 함께 기획하고 RPA 서비스를 개발하고 제공하는 역할을 담당하고 있습니다. 여기에서 RPA Shared Service에 대한 당위성을 확인할 수 있었습니다.

▲ 골드만 삭스 사무실

RPA Shared Service는 전문 인력이 제공하는 우수한 품질의 프로세스를 상대적으로 저렴한 비용으로 확보할 수 있는 방안입니다.

해당 기업들과 미팅을 가지는 시간에 많이 언급되었던 내용이 RPA 여정Journey이라는 단어입니다. RPA를 활용하는 것은 단기간에 완성되고 종료되는 것이 아니라 혁신 작업의 일환으로 계속돼야 한다는 것으로 파악했습니다.

결국은 RPA 자체가 목적이 되지 않고 기업의 혁신에 있어 현재 시점에서 매우 유용한 도구이고 앞으로도 잘 활용할 수 있을 것이라 예상한다는 것입니다. RPA를 국내보다 먼저 도입하였고 조직에서 RPA를 바라보는 성숙한 시각이 느껴지는 부분입니다.

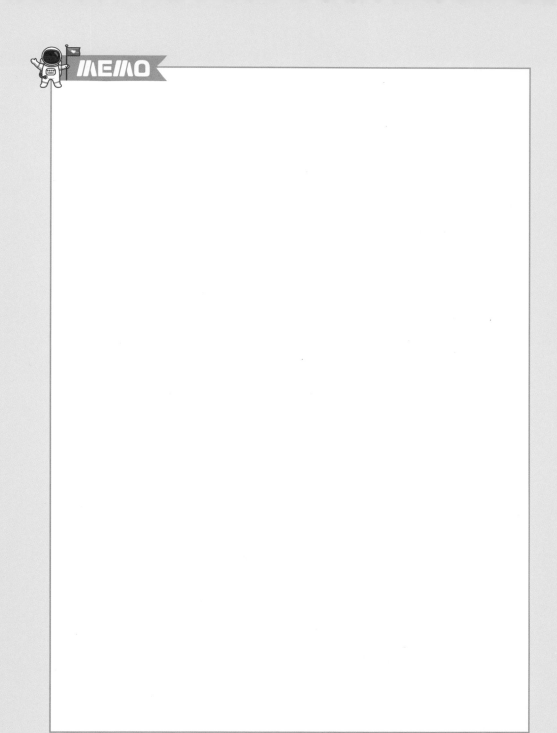

PART

2

RPA 프로젝트 추진

PART 02에서는 RPA 프로젝트를 추진하는 효과적인 방법에 대하여 함께 고민해 보고 RPA 프로세스를 어떻게 선정해야 하는지에 대하여 살펴보겠습니다. 그리고 RPA 업무 규모가 확대될 것을 대비하여 프로젝트를 안정적이고 생산적으로 추진할 수 있게 하는 핵심 요소인 개발 표준과 RPA 아키텍처에 대한 고려 사항을 살펴보겠습니다.

Lesson

RPA 프로젝트 라이프 사이클

RPA 프로젝트도 다른 프로젝트와 유사한 단계를 거쳐서 진행됩니다. 일련의 프로젝트 추진 과정 중에서 기존 프로젝트들과 차별화되는 부분이 있는데 해당 내용을 중점적으로 살펴보겠습니다.

일반적으로는 프로젝트의 달성 목표와의 갭(Gap) 분석으로 시작되지만
RPA 프로젝트는 과제의 발굴에서 시작하게 됩니다.

RPA 프로젝트 라이프 사이클

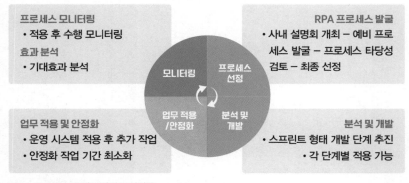

그림 2-1 RPA 프로젝트 라이프 사이클

위 그림은 RPA 프로젝트의 라이프 사이클을 간단히 정리한 내용입니다. 각 항목의 주요 내용은 다음과 같습니다.

기존 프로젝트와 차별화되는 RPA 프로젝트의 가장 특징적인 부분이 RPA 대상 프로세스의 발굴입니다. 기존의 프로세스를 RPA로 변환하는 것입니다. 업무를 전체적으로 살펴보면서 어떻게 변화를 줄 것인가를 고민하는 것으로 시작됩니다. 기존의 업무를 전체적으로 살펴본 뒤 RPA 업무로 바꿀 수 있는 부분을 찾아내게 됩니다. 어떠한 프로세스가 적합한지에 대한 부분은 다음 장에서 살펴보겠습니다.

사내 전체 업무를 대상으로 하여 RPA로 적용 가능한 업무를 찾아내는 일은 업무 적용 가능 범위와 이에 따른 프로젝트 추진 범위가 매우 넓습니다. 사내 RPA 전문가 그룹^{예:} ^{RPA C.o.E}에서 모든 업무를 검토하는 것도 하나의 방법이지만 시간과 효과성 측면에서 어려움이 있는 접근 방식입니다.

그래서 많은 기업에서 사내에서 설명회^{또는 사내에서 해커톤 등의 경진대회 진행} 개최를 통하여 예비 과제를 발굴하는 방식을 사용하고 있습니다. 사내 설명회를 통해 부서별 업무 담당자들에게 RPA의 기본 개념을 설명하면 업무 담당자들은 본인들이 이해한 범위 내에서 RPA에 적합한 프로세스를 도출하고 제시하게 됩니다. 하지만 설명회만으로는 처음 RPA를 접하는 직원들이 RPA의 특성을 충분히 이해하기 어렵습니다. 그런 이유로, 업무 담당자들이 RPA를 제대로 이해하지 못해 RPA에 적합하지 않은 과제들까지 포함시키는 경우가 종종 있습니다. 이런 부적합한 과제를 선별하기 위하여 예비 과제가 도출되면 해당 과제가 실질적으로 RPA에 적합한지에 대한 타당성 검토 작업을 진행하게 되고, 최종적으로 추진 대상 프로세스로 선정되면 해당 프로세스들을 기준으로 하여 프로젝트 규모를 산정하고, 업체 선정 및 프로젝트 진행을 하게 됩니다. 프로세스 선정의 다른 방식은 외부 컨설턴트를 통한 프로세스 혁신 작업을 수행하거나, 최근에 등장한 프로세스 마이닝 툴을 사용할 수도 있습니다.

02 프로세스 분석 및 개발

RPA 프로세스 분석은 기존 IT에서 하던 프로세스 분석과는 약간 다른 방식으로 진행하게 됩니다. 기존 IT에서 전산화나 자동화를 위해서는 기존 업무를 상세 요건별로 분석하게 되는 비즈니스 로직적인 분석을 수행하고, 해당 내용에 따라 코딩프로그램 작성 작업을 수행했습니다. 이와는 달리 RPA를 활용한 자동화에서 분석하게 되는 내용은 해당 비즈니스 로직을 통하여 화면상에 표현되는 반응적인 내용을 예 : 화면에서 출력되는 팝업 창 혹은 메시지 등 기반으로 하여 업무 흐름 분석을 진행하게 됩니다.

분석과 개발 방식의 차이점

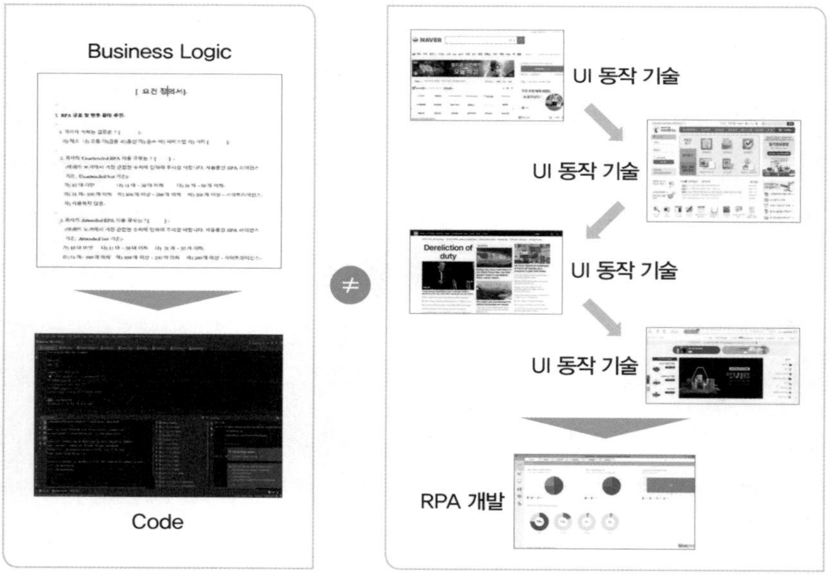

그림 2-2 업무 분석과 개발 방식의 차이점(RPA vs 일반 IT)

[그림 2-2]를 보면 RPA에서 분석하는 내용은 사람이 어느 작업 화면을 호출하고, 해당 화면에서 어떠한 항목에 값을 입력하고, 이를 확인하기 위하여 어떠한 버튼을 눌렀는지를 정의하게 되어 기존의 IT 자동화보다 좀 더 직관적이고 업무 요건 내용에 대한 로직

상의 이해가 필요한 부분은 최소화가 되는 방식입니다. 여기에서 간과하지 말아야 하는 사항은 화면상의 동작에 기반하여 작업하지만 해당 동작을 통하여 얻어지는 결과에 대해서도 무관심하면 안 된다는 것입니다.

결론적으로 화면상의 동작에 집중하되 해당 동작으로 예상되는 결과도 함께 고려해야 합니다. 여기에서 등장하는 것이 업무를 하는 직원의 실수로 발생하게 되는 오류 메시지의 처리와 같은 비즈니스 처리상 예외에 관한 대응 절차가 정의되어야 한다는 것입니다.

> 예외 케이스 처리의 누락은 운영 단계에서 RPA 프로세스의 정지 및
> 오동작으로 인한 작업 실패로 이어지게 되니 꼭 점검해야 합니다.

예를 들어, 화면상에 조회 일자를 입력하여 입력한 일자의 데이터 목록을 조회하는 경우를 생각해봅시다. 만약 해당 시스템이 최근 1주일 내 데이터 조회만 허용한다면 조회 일자를 10일 전의 날짜로 입력한 경우에는 정상적인 처리에서 나오는 메시지와 다른 메시지가 출력될 것입니다. 이런 오류가 발생하는 경우에 어떻게 처리해야 하는가를 점검해야 합니다. 만약 해당 대응 방안에 대한 처리가 누락된 경우에는 RPA 로봇이 동작을 진행하지 못하거나 엉뚱한 동작으로 오류 처리를 하고 다음 단계를 진행하지 못하고 계속 대기하는 경우가 발생합니다.

처음 RPA를 접하는 경우에는 이런 예외 상황의 중요성을 간과하기 쉽습니다. 업무 부서의 직원 또한, 모든 오류 사항에 대하여 사전에 정의하는 것은 어려운 일이지만 예외 사례의 흐름 처리는 RPA 프로세스의 품질에 직접적이고 커다란 영향을 미치는 사항이니 특별한 주의를 기울이도록 합니다.

03 업무 적용 및 안정화

전산 개발 시 일반적으로 개발이 종료되어 테스트^{사용자 인수 테스트} 단계를 마치고 나면 추가적인 오류가 없는 것이 일반적입니다. 하지만 RPA 프로세스는 운영 시스템 적용 이후

여러 가지 사유로 별도의 안정화 단계가 필요합니다.

가장 많은 사례가 운영환경에서만 작동하는 비즈니스 로직에서 파생되는 오류 발생 사항에 대한 처리가 누락되는 경우가 있습니다. 또 다른 사례는 개발환경과 운영환경의 물리적인 구성 차이로 예를 들면, 각 시스템의 접근 권한을 제어하는 보안 소프트웨어 구성 차이에 따라 추가적인 수정이 필요한 경우입니다. 이런 문제점을 해결하기 위하여 적용 단계에서 사용자의 주의 깊은 모니터링 작업을 통하여 해당 오류를 보완하고 안정적인 운영 단계에 이르는 시간을 최소화하는 노력이 필요합니다.

그림 2-3 업무 적용 절차의 차이점

04 모니터링 및 효과 분석

프로세스 적용 후 모니터링 단계에서는 적용 이후 안정화 기간 동안 발생하는 오류를 처리한 이후에 성능에 관한 모니터링 작업을 실시하게 됩니다. 사전에 예상했던 기대효과에 미치지 못하여 추가적인 자원 투입이 불가피한 경우도 발생할 수 있습니다. 특히 외부 사이트와 연결된 작업을 하는 프로세스의 경우 실질적인 프로세스의 성능 점검이 프로세스를 적용한 이후에 가능한 경우가 있습니다. 이때 적용된 프로세스가 최초 분석 단계에서 측정한 성능과 간극이 큰 경우에는 로봇 자원 추가 투입 혹은, 프로세스 수정 검토 등 추가 작업이 필요합니다. 이런 대응은 단기간에 신속하게 진행될 수 있도록 관리합니다.

RPA의 특징에 대하여 익숙하지 않은 경우에는 예상했던 기대효과를 거두지 못하는 상황이 종종 발생하게 됩니다. 사람과 로봇의 일처리 방식의 차이에 대한 이해가 필요합니다. 사람은 교육이 완료된 상태에서 일하면서 스스로 학습을 하게 되지만 로봇은 교육하였다 하더라도 실제 업무에서 발생되는 예기치 않은 상황에 대해서는 사람의 판단이 개입되지 않으면 어떠한 처리도 진행할 수 없게 됩니다. 사전에 발생 가능한 모든 예외 상황에 대하여 처리 방법을 명확히 정의하지 않고 RPA 운영 단계에 들어가게 되면 RPA 처리에 있어 많은 장애와 오류를 경험하게 됩니다. 이러한 실패 경험을 바탕으로 RPA 프로세스 선정에 있어 회사 상황에 맞는 기준을 추가할 수 있게 됩니다.

RPA 프로젝트가 계속 진행되면서 지속적으로 RPA 처리 특징에 기반하여 업무를 선정하고 또 RPA에 적합하게 업무를 다시 디자인할 수 있는 능력을 향상시킬 수 있는 것도 세심한 운영 모니터링과 프로젝트 추진 경험의 축적에 따른 결과입니다. 오류 내용과 실패 사례는 RPA 프로젝트에서 매우 주요한 자산입니다. 하나의 프로젝트에서 여러 스프린트로 나누어 개발은 진행하는 점진적 개발 방식에서는 직전 스프린트에서 발생한 오류 사항에 대하여 즉각적 피드백을 통하여 다음 프로세스에서부터 바로 개선효과를 확인할 수 있는 것이 장점입니다.

다음으로는 본격적인 개발에 앞서 RPA 프로세스로 선정하기 위한 업무의 타당성을 검토하는 방법을 살펴보겠습니다.

02 RPA 업무의 선정기준

RPA 업무 선정에 있어 적용 가능한 업무를 고르는 기술도 필요하지만 RPA 적용이 비효율적인 업무를 제외할 수 있는 것도 사용자의 중요한 능력입니다.

RPA 업무 전환에 적합한 프로세스의 선정은 RPA 프로젝트를 시작하는 데 있어 성공의 첫 단추라고 할 수 있습니다.

RPA 소프트웨어 특성은 현재 수행하고 있는 작업이 대량으로 발생하고 반복적이면서도 건마다 사람과 RPA 로봇이 번갈아 작업을 수행하게 되어 RPA 로봇이 업무를 처리하는 동안 사람이 기다려야 하는 상황이 발생하지 않는 업무에 적합합니다. 또 하나 사내외 IT 시스템을 대상으로 하는 대부분의 작업이 RPA 프로세스화될 수 있는데 그래서 모든 업무에 RPA를 적용하는 것이 맞느냐는 질문에 대해서는 '아니다'라고 말하고 싶습니다. 가장 중요한 기준은 RPA 적용을 하기 위하여 투입되는 개발 비용과 운영 비용을 합한 전체 비용이 RPA 적용을 통하여 거두어들이는 기대효과보다 적은 프로세스를 선택하도록 해야 합니다.

다시 한번 강조하자면 효과적인 프로세스를 선택하는 것은 RPA 프로젝트의 성공에 있어 가장 주요한 첫걸음이라고 할 수 있습니다. 저자의 경우 강의나 미팅을 통하여 여러 회사의 RPA 사용자를 만날 수 있었고 RPA에 관한 의견을 나눌 수 있었습니다. 이런 자리에서 도입을 검토하는 사람들이 많이 언급하는 것이 RPA가 아주 단순하여 초급자가 다룰 수 있는 수준의 소프트웨어이기에 별다른 주의가 필요 없다는 의견이었습니다.

그렇지만 분명한 것은 RPA가 마냥 단순하고 아무런 제약 없이 활용할 수 있는 제품은 아니라는 점입니다. RPA 소프트웨어는 그 단순한 제품의 성격으로 인하여 사내 대부분의 시스템에 적용할 수 있지만 모든 RPA 프로세스가 성공적으로 효과를 거둘 수는 없습니다. RPA 과제 선택에 대한 신중한 고민이 필요한 이유입니다. 그렇다면 어떤 프로세스를 선택해야 하고 또 어떠한 프로세스를 선택하지 않아야 하는지 살펴보겠습니다.

01 RPA 요건에 맞는 프로세스

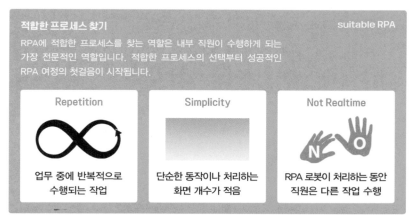

그림 2-4 RPA 적합한 프로세스 기준

❶ 반복되는 경우 사용 시간 또는 사용 빈도가 많은 프로세스

각 업무에는 수행 주기가 있습니다. 일일, 주간, 월간, 연간, 수시 등 여러 형태의 업무가 있는데, 연간 단위의 작업 시간으로 환산하여 사내에서 인정하는 ROI Retrun On Investment 기준을 감안하여 투입되는 비용 대비 기대효과가 인정되는 프로세스를 선정해야 합니다. 참고로 사람이 주 5일 근무하는 경우 연간 2천 시간 정도를 근무하게 됩니다. 이러한 기준을 근거로 하여 해당 프로세스를 RPA 프로세스로 전환할 것인지를 결정하게 됩니다.

프로세스	요청 부서	작업 주기	처리 건수	처리 시간	처리 시간(연간)	비고
프로세스 #1	A 부서	매일	100	6분	2,500시간	250일 기준
프로세스 #2	B 부서	주	100	6분	520시간	
프로세스 #3	C 부서	월 1회	100	6분	120시간	
프로세스 #4	D 부서	수시	100	30분	상황별 다름	

표 2-1 **프로세스별 연간 작업 시간**

[표 2-1]에서 프로세스 #1의 경우 연간 처리 시간으로 볼 때 한 사람 이상의 몫을 수행하게 됩니다. RPA 도입비용 감안 시_{프로세스 개발에 소요되는 비용과 라이선스 비용} 최소 0.2 FTE^{연간 400시간} 이상의 업무를 선택하는 것이 좋습니다. 표에서 살펴보면 프로세스 #2까지 해당되지만 연간 처리 시간의 기준은 회사별 상황에 따라 정합니다.

참고로 프로세스 #1, 프로세스 #2의 업무량은 여러 사람이 처리하는 업무량을 합산한 것일 수도 있습니다.

② 가급적 단순한 프로세스의 추진

가급적 단순한 프로세스의 추진이라는 어휘에는 모호함이 보일 수 있습니다. RPA 프로젝트 진행 중에 판단의 기준을 명확히 하기 어려운 상황에 맞이하는 경우가 많이 발생합니다. 담당자의 고개를 갸웃거리게 만드는 이런 상황에서 자신이 속해 있는 회사의 업종, 업종의 특성, 예산, 인력의 구성 등 영향력이 있는 모든 요소들을 감안해서 가장 적합한 선택을 하는 것이 RPA 관리자의 전문성이라고 할 수 있습니다.

다음의 [그림 2-5]에 표시되어 있는 하나의 작업은 총 4개의 프로세스로 구분되어 있습니다. 4개의 프로세스 중에서 RPA에 적합한 프로세스 B, D를 RPA 프로세스로 변경하게 되면 사람이 프로세스 A, C를 수행하고 RPA 로봇이 프로세스 B, D를 수행하게 됩니다.

작업의 분석 및 RPA 적용

작업 시작

H 프로세스 A → R 프로세스 B → H 프로세스 C → R 프로세스 D

범례
H : 사람
R : 로봇

프로세스 b
프로세스 b
프로세스 b
프로세스 b
프로세스 b
RPA 프로세스 목록

프로세스 d
프로세스 d
프로세스 d
프로세스 d
프로세스 d
RPA 프로세스 목록

그림 2-5 작업의 분석 및 RPA 적용 프로세스의 선별

4개의 프로세스 중 두 개의 단순한 프로세스 선택 기준은 다음과 같습니다. 화면이나 입력 항목의 개수가 많고 적음이 아니고, 오류 발생 가능성이 낮은 프로세스를 선택합니다. 사용하는 RPA 소프트웨어가 대상 시스템을 쉽게 제어할 수 있는지 확인합니다. RPA 프로세스가 종료된 이후 작업 결과를 쉽게 확인할 수 있는지도 점검합니다. 대상 시스템에서 목록이나 기타 방식으로 결과를 쉽게 확인할 수 있으면 작업의 효율성이 높아지게 됩니다.

❸ 협업하는 직원의 업무 지연이 최소화되는 업무

RPA와 사람이 협업하면서도 서로의 업무에 지장을 주지 않는 업무 형태에 RPA 프로세스를 적용하는 것이 바람직합니다. 만약에 [그림 2-5]에서 RPA가 처리하는 프로세스 B의 결과가 프로세스 C를 수행하는 직원에게 도달하기 전에 해당 직원이 다른 일을 수행할 수 없다면 RPA 전체 프로세스의 효과가 현저히 저하될 수 있습니다. 결론적으로 개인별 반복 작업의 양이 매우 많거나, 동일한 작업을 수행하는 사람의 수가 많은 관계로 취합된 작업의 총량이 많으면서 RPA가 처리한 결과를 직원이 순차적으로 처리 가능한 형태가 가장 바람직한 경우라 할 수 있겠습니다.

RPA 프로세스 선정 시 최소한의 기준이 되는 사항은 RPA 적용에 따른 기대효과가 투입 비용을 제외하고도 플러스*의 비용 절감 효과가 나올 때 해당 프로세스를 RPA화 하는 것이 타당하다는 결론입니다. 사내에서 RPA 경험치가 쌓이면 위의 세 가지 사항 외에도 여러 가지 개별적인 고려 사항을 도출할 수 있게 됩니다. 간단하면서도 효과적으로 감안할 수 있는 내용은 다음과 같습니다.

A. 사내 시스템 구성환경에 몇 개의 주요 시스템을 중심으로 하는 데이터 흐름이 존재하여 해당 프로세스를 공통 프로세스로 구성하면 타 프로세스에서 재사용하는 비율이 높은 경우
B. 해당 사내 시스템의 업무 성격상 화면 구성의 변화가 자주 발생하지 않는 업무가 유리(노후화되지 않은 시스템)
C. 시스템에서 채용한 기술 요소가 RPA 소프트웨어에서 객체의 동작을 쉽게 인식할 수 있어, RPA 오류 발생 및 속도 저하 위험이 적은 시스템 대상

02 RPA화에 적합하지 않는 요건

RPA 특성상 업무 적용에 제약이 적은 관계로 대부분의 업무를 RPA 프로세스로 전환할 수 있지만, 사용자의 의견만을 좇아서 RPA로 전환을 결정하게 된다면 RPA를 활용하면서 목적하였던 기대효과를 거둘 수 없는 경우가 발생하게 됩니다.

그렇다면 이번에는 어떠한 특징을 가진 프로세스는 선택하면 안 되는지에 대한 내용을 정리해 보겠습니다.

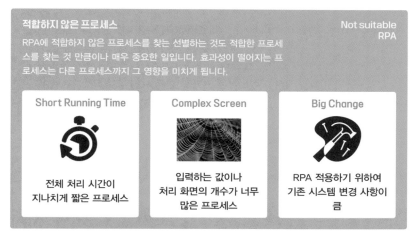

그림 2-6 RPA에 적합하지 않는 프로세스 선별

❶ 짧은 운영 시간

개발에 투입되는 자원에 대비하여 지나치게 짧은 프로세스 운영 시간은 당연히 효과적이지 않습니다. TCO를 산정하는 기간 내에 투자 대비 효과가 나오는 것이냐에 대한 고민이 필요합니다.

예를 들어, 앞선 [표 2-1]에서 프로세스 #3과 같이 연간 처리 시간이 매우 적은 경우나 프로세스 #4와 같이 작업 수행 시간을 예상할 수 없는 업무를 선택하는 것은 효과적인 선택이 아닐 수 있습니다. 이런 경우에는 해당 업무를 무조건 RPA로 전환하는 것보다는 새로운 시각에서 해결점을 찾아보는 것이 좋습니다.

여기에는 예외 사항이 있는데 모든 일을 단순히 수행 시간으로만 평가할 수는 없습니다. 당연히 해당 일에 대한 기업 내의 평가 가치, 해당 작업을 수행하는 직원의 업무 강도 및 급여 수준 등도 해당 업무를 RPA로 전환하도록 선택하게 되는 또 다른 기준이 될 수 있습니다.

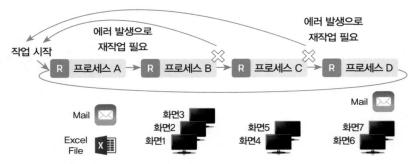

용어정의 **TCO**[total cost of ownership]

① 1997년 미국의 대표적인 컨설팅 회사인 가트너 그룹(Gartner Group)에서 발표한 것으로, 기업에서 사용하는
   정보화 비용에 투자 효과를 고려하는 개념의 용어이다. 즉, 회사에서 전산 시스템을 도입할 때 단순히 초기 투
   자 비용만이 아니라 도입 후의 운영이나 유지 보수 비용까지 고려하는 것이다.

② 한 대의 컴퓨터를 이용하는 데 드는 전체 비용으로 하드웨어 소프트웨어, 업그레이드 비용, 상근 직원 및 훈련
   과 기술 지원을 담당하는 상담 직원 급료 등을 포함한다.   출처 + 컴퓨터인터넷IT용어대사전

② 지나치게 많은 화면으로 구성된 업무

이 문제는 운영하는 회사의 업무 성격에 따라 달라질 수는 있으나, 지나치게 길고 복잡
한 업무 처리를 단일 RPA 프로세스로 수행하는 것은 바람직하지 않다고 생각합니다.

그림 2-7 다수의 화면이나 복잡한 처리로 구성된 작업

[그림 2-7]에서 업무 수행 중에 프로세스 B나 C의 처리 단계에서 오류가 발생하여 작업
을 다시 수행하는 경우 프로세스 진행이 특정 시점에서 바로 재개 가능하다고 보장되지
않는다면, 전체 작업 수행에 있어 불필요한 재작업이 수행되어야 하기 때문에 비효율적
인 요소로 작용합니다.

또한 프로세스의 복잡성이 높은 경우 보통은 화면의 개수나 처리하는 비즈니스 로직이 매우 복잡한 경우 RPA 프로세스
로의 전환에 많은 개발 공수가 소요될 것입니다. 이런 점에서 RPA로 전환된 프로세스
의 수행 시간 대비 개발 공수 및 운영에 부담이 많이 가게 되는 작업은 RPA 프로세스로
적용하는 것이 바람직하지 않습니다.

❸ 기존 시스템의 많은 변경 필요

RPA를 업무에 적용하기 위하여는 종종 기존의 시스템을 일부 변경해야 하는 경우가 발생합니다. 그렇다면 '일부'의 범위는 어느 정도까지 허용할 수 있는 것인가에 대한 기준이 있어야 합니다. RPA 적용을 위하여 기존 시스템의 화면이나 로직 처리를 변경해야 하는 경우가 있는데 시스템의 변경을 크게 확대하게 되는 경우 RPA를 적용하지 않고 기존 시스템만의 변경으로 업무의 자동화를 수행할 수 있는 경우도 발생합니다. 그렇다면 '어느 수준까지 내부 시스템의 변경을 허용해야 하는 것일까?'라는 의문을 가지게 됩니다. 기존 시스템의 변경이 허락되는 범위는 RPA로 작성하는 내용과 기존 시스템의 변경 분의 공수를 더한 전체 공수가 RPA를 사용하지 않고 다른 방식으로 기존 시스템을 개선하는 공수보다 적은 경우에만 선택합니다.

만약에 RPA 프로젝트를 외부의 자원으로 수행하고 내부 시스템은 직원들이 수정하게된다고 하였을 때 종종 간과하게 되는 것이 있는데, 그것은 내부 직원의 업무, 특히 투입되는 공수에 대한 정당한 평가를 내리기 쉽지 않다는 것입니다. 직원들이 내부 시스템 변경에 투입하는 시간과 노력도 정확하게 측정하여 어느 방향으로 개선을 진행해야 하는지 판단합니다. 내부 시스템의 수정이 필요한 경우 RPA 담당자와 내부 IT 담당자 간의 협의에 의하여 합당한 방향을 선택해야 하고 여기에서 좀 더 효과적인 방안을 찾아낼 수 있는 것이 숙련된 RPA 담당자의 노하우라 할 수 있습니다.

RPA 적용 프로세스를 선정하거나 배제하게 되는 가장 기본적인 기준을 각각 3가지로 나누어서 다루어 보았습니다. 물론 훨씬 더 많은 고려 사항이 있지만 이 요건들은 회사의 특성이나 업종의 구분에 큰 영향을 받지 않고 공통적이고 핵심 사안으로 고려될 수 있는 요건들입니다. RPA 프로세스 선정기준은 자칫 인위적이고 주관적일 수 있기 때문에 내부 RPA C.o.E Center Of Excellence에서 명확한 기준을 가지고 가이드라인을 수립 후 흔들림 없이 지켜나가는 것이 중요합니다.

또 하나 가이드라인의 운영이 필요한 이유는 기존의 IT에서는 개발자와 작업 의뢰자가 업무별로 잘 지정되어 있지만, 국내 기업들은 대부분 RPA 도입 초기에 해당되어 RPA C.o.E 인력이 업무에 비하여 턱없이 부족한 것이 사실입니다. RPA 업무를 의뢰하는 많은 부서를 효과적으로 지원하고 RPA 적용이 비효율적인 업무에 대하여 적용 제외를 결정하는 경우에도 요청 부서에서 쉽게 납득할 수 있도록 사내에서 합의된 기준을 근거로 RPA 업무 선정 작업을 진행하는 것이 보다 효과적입니다.

Lesson 03 RPA 업무의 개발 공수 산정

RPA 개발 공수의 정확한 예측은 RPA 프로세스의 선택에도 영향을 미치지만 RPA 프로젝트 추진 시 합당한 규모의 투입인력 산정을 위한 중요한 요소입니다.

RPA 프로젝트를 신속하면서도 효과적으로 진행하기 위해서는 해당 프로젝트의 공수를 정확하게 예측할 수 있는 수단이 필요합니다. 투입 공수 예측 툴은 애자일 방식의 프로젝트를 수행할 때 축적되는 자료를 바탕으로 좀 더 정확한 예측을 가능하게 만들 수 있습니다. 투입되는 개발 공수를 정확하게 산정할 수 있다면 인력을 더 효율적으로 사용할 수 있고, 외부 업체와 함께 작업할 때 서로 동의할 수 있는 작업 수준의 합의점을 쉽게 찾을 수 있습니다.

또한, 사내 시스템에 대한 RPA 적합성에 대한 평가도 포함되어 RPA 추진에 대한 사내 부서 간 합의가 보다 합리적으로 이루어질 수 있는 수단이 될 수 있습니다.

용어정의 애자일[프로그래밍에 집중한 유연한 개발 방식]

애자일은 문서 작업 및 설계에 집중하던 개발 방식에서 벗어나 좀 더 프로그래밍에 집중하는 개발 방법론이다. 애자일 개발 방식은 계획과 개발, 출시와 같은 개발 주기가 여러 번 반복되며, 개발환경에 맞게 요구 사항이 추가되거나 변경된다. 결과적으로 애자일 소프트웨어 개발은 고객에게 좀 더 빨리 결과물을 내놓을 수 있고, 고객의 피드백에 민첩하게 반응할 수 있다.

출처 ✦ 용어로 보는 IT

간단한 산식을 통하여 작성하려는 RPA 프로세스의 공수를 산정해 봅니다. 시스템의 개수, 화면의 개수 등을 확인하고 대상 시스템의 난이도를 평가하여 값을 얻을 수 있습니다.

Function Point를 산출하는 방식과 매우 유사한 방식으로 작성되어 있습니다. 각 사의 시스템 특성에 맞게 변경하여 사용하면 보다 손쉬운 방법으로 RPA 개발 공수를 매우 정확하게 산정할 수 있습니다.

시스템 개수	프로세스 크기				복잡도 계수	RISK		총공수 (Day)	총공수 (M/M)	효과 (FTE)
	시스템	화면수	항목수	공수		금전 Risk	법률 Risk			
4	통합단말	12	180	37.8	1,936	있음	있음	128.55	6.4	0.77

그림 2-8 RPA 개발 공수의 산정

개발 공수 산정에 필요한 주요 항목을 살펴보면 첫 번째로 프로세스의 크기입니다. 여기에는 해당 프로세스에서 사용하는 시스템의 종류 및 개수, 각 시스템에서 사용하는 화면의 수, 화면 상에서 조작하는 항목의 수를 대상으로 하는 정량적인 측정 수단이 될 수 있습니다.

화면 상에서 조작하는 항목의 수를 계산하기 위하여 RPA의 기능적 요소를 구분하여 보면 다음과 같이 나누어 볼 수 있습니다.

❶ EXTRACTION

화면상에 있는 어떤 정보를 획득하는 활동을 말합니다. 업무의 흐름을 결정하는 데 있어 필요한 정보를 취득하기 위해 필요한 작업입니다.

❷ INPUT

취득한 정보를 바탕으로 선택된 화면상에 정보를 입력하는 동작을 의미합니다. 입력을 하는 동작에는 해당 정보의 입력이 정상적인지를 확인하는 공수 또한 포함되어 있습니다.

❸ COPY

화면상의 정보를 취득하여 정보 전달 장소에 복사합니다. 정보 전달 장소는 정보를 수령하는 시스템의 화면이 될 수도 있고, 내용을 전달할 수 있는 엑셀, 메모장, 메모리상의 저장소가 될 수 있습니다.

❹ ERROR HANDLING

프로세스 처리 중에 발생한 오류를 처리하는 부분입니다. RPA 프로세스의 품질을 좌우하는 가장 핵심적인 요소입니다. 에러 핸들링에 대한 로직은 개발자 개인별로 처리하지 않고 체계화된 처리 방식에 따라 진행하도록 합니다.

❺ EXECUTION

RPA로 대상 시스템을 구동하여 결과를 얻기 위하여 대상 시스템의 버튼 누르기 등 특정 기능을 구동하는 역할을 수행합니다.

두 번째는 RPA 소프트웨어와의 연결 호환성을 기준으로 하여 난이도에 따라 가중치를 부여하는 것입니다. 사내외 시스템의 특성에 따라 RPA의 다양한 기능이 잘 작동되기도 하고, 반대로 특정 시스템의 경우 RPA의 기능이 제대로 작동되지 않아 프로세스 구현에 많은 어려움이 있는 경우가 발생합니다. 이러한 개발 난이도에 따른 가중치는 다음에 다루게 되는 시스템과의 연결 호환성 점검에서 어느 정도 가중 범위를 가늠할 수 있습니다.

마지막으로 리스크에 대한 평가입니다. 물론 리스크에 대한 부분이 실제적인 개발에 포함되는 수치를 정량화하기는 쉽지 않지만, 만약 현재 진행하고 있는 프로세스가 매우 중요하고 리스크가 크다고 판단된다면 해당 시스템의 개발에 좀 더 많은 공수가 소요될 것이라고 예상합니다.

앞선 [그림 2-8]에서 보듯이 간단한 엑셀 장표로도 RPA 프로세스의 개발 공수에 대한 예측을 할 수 있고, 회사에서 RPA 프로젝트 경험치가 누적될수록 정확도는 더욱 향상된 것입니다.

02 RPA 업무 적용 가이드라인 운영

회사별로 업종 및 업무의 특성을 고려하여 RPA 업무 적용의 가이드라인을 정하는 것이 바람직합니다. RPA 업무를 전사적인 측면에서 추진하게 된다면 어느 부서에서 어떤 역할을 하는지에 대한 정의를 내리는 작업이 선행되어야 합니다. 이후 RPA 관리 부서에서 가이드라인을 기준으로 하여 업무 부서에서 적용 대상으로 요청된 업무를 검토하여 최종 RPA 적용 대상을 결정합니다.

여기에서 언급하는 가이드라인은 '2. RPA 업무의 선정기준'에서 논의했던 RPA에 적합한 프로세스와 부적합한 프로세스를 구분하는 방법을 참고하여 작성하게 됩니다. 간단하지만 가이드라인의 명시적 운영을 통하여 RPA 프로세스 선정 절차를 공정하고 투명하게 진행할 수 있게 되고 불필요한 프로세스 개발로 인한 비용의 낭비를 예방할 수 있습니다.

RPA 적용 가이드라인은 RPA C.o.E가 작성하되 부서 간 협의를 통해 수정해나가며 신뢰를 구축해야 합니다.

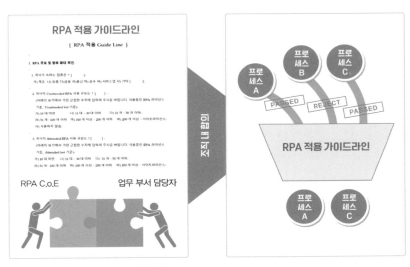

그림 2-9 사내 RPA 적용 가이드라인 운영

사내에서 공모나 부서의 요청으로 RPA 프로세스 적용 검토 시 1차적인 선별 기준으로서 해당 가이드라인을 운영하길 바랍니다. 이에 더하여 전략적인 판단이나 기술적인 도전 과제 등 가이드라인에서 운용되지 않는 기준이 추가될 수 있습니다. 가이드라인에 모든 내용을 세세하게 기술하긴 어렵지만 RPA 운영 경험이 축적되고 RPA에 대한 이해도가 높아질수록 가이드라인의 기준은 좀 더 세밀해지고 명확해질 수 있습니다. 가이드라인에 담긴 내용은 결국 RPA 담당자의 운영 노하우에 대한 결과물이라 할 수 있습니다.

Lesson

04 도입 전 환경 점검 실시

RPA를 보다 안정적이고 효과적으로 도입하기 위하여 레퍼런스 사이트의 사례 참조 및 사내 시스템의 RPA 연결 호환성 점검 작업을 실제적이고 효과적으로 수행해야 합니다.

RPA 프로젝트를 시작하는 단계에서 사내 IT 환경 및 적용대상 시스템의 사전적 점검이 필수적입니다. 특히 RPA를 회사에 처음 도입하는 경우에는 도입하는 RPA 운영을 위한 소프트웨어적인 환경 구성을 점검하고, RPA 소프트웨어와 회사 소프트웨어 간의 연결 호환성을 확인하는 노력이 필요합니다.

P.o.C 단계에서 일부 확인할 수도 있지만 P.o.C를 진행하지 않고 바로 프로젝트를 시작하려 한다면, 안정적인 프로젝트 추진을 위해서 반드시 사전 점검을 하는 것은 놓치지 않도록 합니다.

 용어정의 **PoC**[proof of concept]

개념 검증(시장에 신기술을 도입하기 전에 성능을 검증하는 것)   출처 + 국제영어대학원대학교 신어사전

01 하드웨어 및 소프트웨어 환경 점검

환경에 대한 사전 점검으로 가장 좋은 방법은 도입하는 회사와 IT 환경이 유사한 레퍼런스 사이트를 찾아 해당 회사에서 경험한 각종 오류 사항을 확인하고 그것을 해결하였던 조치를 선제적으로 적용하여 도입 시의 시행착오를 최소화하는 것입니다.

① 시스템 환경변수의 점검

해당 사이트의 규모 및 시스템의 구성 형태, 성격 등을 고려하여 사내 시스템의 환경변수 등을 사전에 조정합니다. 예 : 필요한 하드웨어 시스템의 사이즈, 데이터베이스 환경변수, 로봇 PC의 환경구성 변수 등

② 기존의 글로벌 경험치 및 국내 사례의 고찰을 통한 장애 발생 예방

도입하려는 RPA 소프트웨어를 사용하고 있는 국내외 레퍼런스 사이트의 경험치를 기반으로, 발생했던 오류 항목들을 정리하고 동일한 오류 발생을 사전에 예방할 수 있도록 조치를 취합니다.

위와 같은 조치는 가장 기본적이지만 사용자가 적극적으로 요구하지 않으면 실제 타 사이트에서 발생했던 문제를 사내에서 동일하게 겪는 실수를 저지르게 됩니다. 예방 가능한 실수로 인하여 지출되는 비용은 사용자 입장에서 매우 안타까운 일이라고 할 수 있습니다. 그렇기 때문에 사전적인 환경 조사는 사용자가 꼭 챙겨야 하는 사안입니다.

소프트웨어 인프라 측면의 환경 점검이 완료된 후 확인해야 할 또 다른 사항은 효과적 프로젝트 추진을 위하여 표준 프로세스를 대상으로 하는 Health Check 기준안을 마련하는 것입니다. 개발 표준과도 유사하지만 좀 더 개념적인 측면에서 표준 프로세스 구성에 대한 모델을 수립하게 되는 의미가 있습니다.

표준 프로세스 점검 및
개발자 교육 실시

Process Health Check 가이드라인

No.1 개발 코드가 BOT Framework을 준수하는가?

(좌측 화면에서, vScreenShotDir 는 에러 핸들링(error handling)에서 사용하기 전에 초기화 작업이 진행되지 않았다.)

No.2 BOT 수행이 실패하는 모든 경우에 대한 로직이 고려되어 있는가 ?

No.3 에러 Handling 이후에 실패한 Step으로 되돌아 가는 요구 사항이 있는지? (재수행 또는 실패 처리)

No.4 해당 코드가 모듈화 가능한 로직에 해당하는지?

No.5 Error handling이 구현되어 있고 지정된 사용자에게 통지하는 프로세스가 적용되어 있는가?

그림 2-10 프로세스 Health Check 가이드라인

표준 프로세스의 핵심 내용은 에러 발생 시 예상치 못한 오류 동작으로 리스크 발생 가능성을 최소화하고 정교한 에러 핸들링Error Handling 처리에 관한 구성으로 신속히 업무 처리가 정상화될 수 있도록 하는 것입니다.

이렇게 점검이 끝난 표준 프로세스는 개발 표준의 기초가 되고 개발자들이 프로젝트 수행 중에 꼭 지켜야 하는 가이드라인으로 제공됩니다. 해당 가이드라인은 주기적인 개발자 교육을 통하여 프로젝트 기간 동안 지켜질 수 있도록 관리 사항에 포함해야 합니다. 위의 내용이 얼마만큼 잘 전달되었고 충실하게 이행되었는지는 프로젝트 결과물의 품질에서 확인하게 될 것입니다.

02 RPA와 사내 시스템 간 연결 호환성 확인

사전 점검 중에 Health Check 기준안 마련과 함께 중요한 것은 사내 시스템과 RPA의 연결성을 확인하는 일입니다. 개발 단계에서 좀 더 자세하게 점검하게 되고 새로운 방법을 살펴보게 되지만, 미리 내부 시스템과 RPA 소프트웨어와의 적합성을 점검하면 향후 개발 방향성과 용이한 정도를 예측할 수 있게 됩니다. 이는 개발 공수 산정에 있어 시스템의 복잡도 계수와도 연결된 정보로써 사전에 측정하는 것이 적절한 개발 인력의 배치로써 신속한 개발에 도움이 될 수 있습니다.

RPA 소프트웨어와 사내 시스템의 연결성

오토메이션 애니웨어	시스템	Object Cloning	Image Detection	Web Recoder	Metabot
	System A	○	×	○	○
	System B	×	○	○	○
	System C	○	△	○	○
	Internet	×	○	×	○

블루프리즘	시스템	Window Application	Java-based	Browser- based	Mainframe
	System A	○	×	○	△
	System B	○	○	△	○
	System C	○	×	×	○
	Internet	×	○	×	○

[항목 설명] ○ : 사용제한 없음, △ : 제한적으로 사용 가능, × : 해당 기능 사용 불가

그림 2-11 RPA와 사내 시스템 간의 연결 호환성 확인

RPA 개발 표준 수립

RPA 개발 표준은 개발 단계의 생산성 향상에도 중요하지만, 운영 단계에서 유지 보수를 용이하도록 하는 데 필수적입니다. 개발 표준을 수립하고 개발 단계에서 지켜지도록 관리가 필요합니다.

개발 표준의 필요성은 다시 강조할 필요가 없는 일반적인 사항입니다. 하지만 RPA 프로젝트에서는 그 중요도가 더욱 강조될 수밖에 없습니다. 그 이유는 무엇일까요? RPA의 업무 범위에서 이유를 찾아볼 수 있습니다. RPA는 적용할 수 있는 범위에 제한이 없습니다. 따라서 회사의 많은 부서나 다양한 업무에 적용할 수 있습니다. 공통된 시스템을 사용하거나 비슷한 업무 패턴을 보이는 경우가 많은데 이런 특징으로 인하여 기존에 작성되었던 프로세스를 재사용할 확률이 매우 높습니다. A라는 개발자가 작성한 모듈을 B라는 개발자가 사용하는 경우가 많이 발생합니다. 이런 경우에 개발 표준화에 따른 효과가 매우 커질 수 있습니다.

다른 하나의 원인은 RPA 담당 인력은 기존의 IT 시스템 대비하여 현저하게 적게 운용될 수밖에 없는 특징이 있습니다. 이것은 유지 보수 인력이 담당해야 할 업무 범위가 훨씬 넓어질 수밖에 없다는 얘기가 됩니다. 이러한 특성을 감안 시 효과적인 운영을 위하여 무엇보다 개발 표준의 중요성이 강조될 수밖에 없습니다.

표준화된 개발 내용을 통하여 문제를 쉽게 발견하고, 유지 보수의 부담을 경감시킬 수 있는 부분입니다.

01 표준 템플릿 프로세스 관리

> RPA 개발 표준에서 템플릿 프로세스 오류의
> 정확한 처리를 통하여 운영 시 안정성을 높일 수 있고
> 공통 프로세스의 활용으로 개발 생산성을 극대화할 수 있습니다.

RPA 개발에서 가장 중요한 개발 표준에 대하여 살펴보겠습니다.

먼저 표준 템플릿^{Template} 프로세스의 관리가 중요합니다. 다음 [그림 2-12]에서 보는 것은 블루프리즘에서 제공하는 기본적인 형태입니다. 처음에 메인 페이지에서 출발하게 되는데, 프로그램 접속에서부터 프로세스 처리, 오류 처리 후 프로세스 종료 단계를 진행하는 흐름에 따라 업무를 처리하게 됩니다.

표준 템플릿 프로그램을 사용하는 가장 큰 목적은 에러 핸들링에 대한 표준화 및 이를 통한 안정적인 업무 진행을 담보하려는 부분입니다.

사내 시스템이 서로 유기적으로 연결되어 있고 단일 로그인^{Single Sign On} 등의 기능을 사용하는 경우에 사용하려는 사내 프로그램의 접속 및 자동 로그인을 실시하게 됩니다.

업무 도중에 사용하고 있는 하나의 프로그램에서 오류가 발생하는 경우 해당 프로그램을 재기동하는 절차가 필요합니다. 이런 경우에 프로그램의 기동 순서에 따라 영향을 받는다면, 정상 작동 여부가 확인이 안 되는 프로그램의 강제 종료, 화면을 가리는 메시지나 기타 팝업 창의 정리, 사용 중인 프로그램의 이상 상황으로 인한 에러 메시지 등을 확인하고 조치하는 프로세스가 표준 템플릿 프로세스에 포함되어 있어야 합니다.

이러한 표준 템플릿 프로세스를 개발하는 업무는 개발자 중에서 가장 숙련도가 높은 직원이 담당하는 것이 바람직하고, 오랜 운영 경험에 비추어 볼 때 표준 템플릿의 품질이 전체 프로젝트 추진과 운영에 미치는 영향이 매우 크다는 것을 알 수 있습니다.

블루프리즘에서 제공하는 표준 템플릿 프로세스는 도식화된 형태로 제공되어 좀 더 구조적인 느낌이 듭니다. 메인 페이지에서 업무용 시스템에 접속하는 Start Up 페이지부터 예외 처리용 페이지까지 각각의 목적별로 가지런히 정리되어 있음을 알 수 있습니다.

Page 명	역할
Main Page	High Level 전체 프로세스 Flow를 작성하는 Main Page—Start up/Close Down, Work Queue 관리, 프로세스 Step 1 – Step N, 예외 처리 등
Start Up	업무용 시스템에 접속 후 로그인 Process
Process Step 1–N	업무 프로세스 Step별로 Busiiness Object를 이용하여 세부적인 처리 Flow를 구현함
Close Down	로그아웃을 하고, 업무 시스템을 종료시킴
Global Data	현재 프로세스 레벨에서 공유할 전역변수를 설정함
Mark Item as Completed	Work Queue의 Item 상태를 완료 상태로 변경
예외처리용 Pages	예외 상황 발생시 Work Queue 상태 업데이트, 이메일 발송 등의 로직 처리

그림 2-12 블루프리즘의 표준 템플릿 프로세스(예시)

블루프리즘의 표준 템플릿 프로세스가 도식적인 형태로 제공된다면 오토메이션 애니웨어의 표준 템플릿 프로세스는 스크립트 방식으로 제공되어 블루프리즘에 비해 시각적인 가독성은 조금은 부족하다고 느껴집니다. 기능은 마찬가지로 각종 시스템의 로그인과 서브 프로세스의 진행, 그리고 가장 중요한 예외 처리^{Exception Handling} 기능이 포함되도록 구성합니다.

Automation Anywhere 표준 템플릿(Template) 프로세스

```
Comment : ═══════════════════════════════════════════════
Comment :  Task Name    : Main Task
Comment :  Creator      : Brian
Comment :  Create Date  : 2020. 11. 11
Comment :  Description  :
Comment :  Update History
Comment :     2020. 01. 29 : 원가 계산 로직 수정
Comment : ═══════════════════════════════════════════════
Begin Error Handling : Action: Continue: Options: Take Snapshot, Variable Assignment, Task
Status: Fail
   Comment : Common Config 환경변수 가져오기
   Run Logic "CommonConfig" from Metabot "My Metabots\Common Modele"Common
Config.mbot" Input (5) Output ($vDelayHigh$, $vDelayLow$...)
   Comment : 사용자 환경변수 가져오기
   Run Logic "TaskVariableConfig" from Metabot "My Metabots\Common Modele"Common
Config.mbot" Input($TV_P032(BusinessName$)..) Output (…..)

   Comment : Log 관리 초기화
   Comment : Config 환경변수 가져오기
   Comment :  Master Queue 에 Feeding 시작시간 기록을 위한 로직 수행
   Comment : 프로세스 Start/End Time Setting
   Comment : RPA 포털 로그 Start
   Comment : 사용시스템 로그인
   Comment :  Queue Feeding start
   Comment : Sub Task 1 start
   Comment : Sub Task 2 start
   Comment : 수행작업 종료
End Error Handling
   Comment :  사용자 메시지 전송
   Comment : Master Queue 처리 결과 Update
   Comment : Log 종료
```

그림 2-13 오토메이션애니웨어 표준 템플릿 프로세스(예시)

표준 템플릿의 사용은 개별 사용자의 특성에 따른 품질이 균일하지 않고 유지 보수에 어려움이 생기는 것을 최소화할 수 있는 핵심적인 방안입니다. 또한, 개발 생산성을 극적으로 높일 수 있기 때문에 아무리 강조해도 지나치지 않는 핵심 요소입니다. 표준 템플릿 작성 및 관리는 개발 표준의 가장 기본적인 사항이니 철저하게 관리합니다.

RPA 개발 표준에서 공통 프로세스의 활용과 목록 작성 관리는
운영 안정성과 개발 생산성을 담보할 수 있는 가장 주요한 수단입니다.

다음으로는 표준 템플릿과 함께 개발 생산성 증대에 중요한 역할을 수행하는 공통 프로세스 관리입니다. 공통 프로세스란 기능상으로 많이 쓰는 내용을 손쉽게 사용할 수 있도록 만들어 놓은 집합이라고 할 수 있습니다.

공통 프로세스 목록		
C Connection	**U** Utility	**M** Messaging
A System Login B System Login C System Login Internet Login Single Sign On Login Connection	Date / Time Conversion Image Processing Excel Handling Word Handling Memory Handling	사내 Messenger 사외 Messenger E-mail Web hosting

그림 2-14 **공통 프로세스의 목록 관리**

특히 각종 시스템의 로그인, 사내외 데이터 전달 수단으로 사용되는 프로그램의 활용[메신저, 파일 전송, 웹메일]에 관한 내용, 모니터링용 로그 작성, 날짜 계산 등 주요한 내용은 공통 프로세스로 작성하고 목록화하여 관리합니다. 만약 해당 내용을 각각의 개발자가 본인의 개성에 맞추어 개발하고 사용하게 된다면 중복 투입되는 공수의 낭비와 더불어 품질 저하, 유지 보수의 부담 가중 등 매우 심각한 여러 문제가 발생하게 됩니다. 이러한 문제점이 발생하지 않도록 공통 프로세스의 지속적인 목록 관리와 최신화에 많은 노력을 기울여야 합니다.

프로젝트 규모가 클수록 적용되는 과제 수가 많을수록 공통 프로세스의 효용성은 매우 큽니다. 하지만 프로젝트 시작 시점에서 공통 프로세스가 완성된 경우는 많지 않습니다. 일반 프로세스와 동시에 작성을 시작하는 경우 난이도가 높고 정교한 공통 프로세스의 작성에 시간이 좀 더 소요되는 경우가 많습니다. 그렇다면 공통 프로세스 이전에 작성된 프로세스들은 어떻게 해야 할까요? 프로젝트의 인력 규모에 따라 달라질 수 있지만 가급적 공통 프로세스 적용을 위한 추가 작업을 권장합니다.

공통 프로세스를 사용하지 않은 프로세스의 품질 문제 혹은, 성능상의 문제가 발생할 수 있습니다. 공통 프로세스의 관리에서 중요한 것은 작성에 그치지 않고 전체 프로세스에서 해당 공통 프로세스를 사용할 수 있도록 품질관리 단계에서 통제하는 것입니다.

RPA 아키텍처 3요소

RPA를 활용하여 엔터프라이즈 레벨의 업무를 사용하려는 경우에는 정제된 RPA 아키텍처가 필수적으로 고려되어야 합니다.

먼저 RPA 아키텍처란 무엇인지 알아보겠습니다. RPA 업무가 확대될수록 여러 가지 공통 기능 및 RPA 운영을 효과적으로 지원하는 요소들이 등장하게 됩니다. 이러한 RPA의 여러 구성 요소들을 체계화한 것이 RPA 아키텍처라고 할 수 있습니다. RPA 아키텍처를 관리하는 목적은 개발 생산성을 높여 경제적인 기대효과를 극대화하고 RPA 사용자의 만족도 향상을 위하여 안정적인 운영을 담보할 수 있는 기반을 마련하는 것입니다.

RPA 아키텍처 구성 요소는 여러 가지 항목을 들 수 있지만 사용자 입장에서 가장 중요한 것을 들자면 '안정성, 편의성, 확장성'으로 나눌 수 있습니다. 각각의 내용에 대하여 상세하게 살펴보겠습니다.

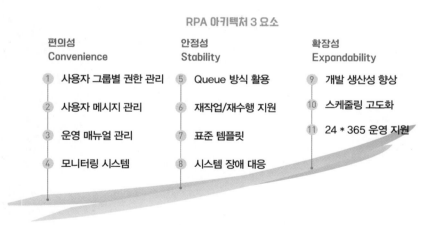

그림 2-15 RPA 아키텍처 3요소

01 편의성

편의성은 우선 사용자를 구분하고 각 사용자별로 필요한 서비스 제공을 목적으로 하고 있습니다. RPA 업무에서 운영을 담당하는 사람과 RPA 업무를 활용하는 사람, 그리고 RPA 개발 및 유지 보수를 담당하는 사람의 요구 사항이 각각 다르기 때문에 사용자별 목적에 맞게 편리한 기능을 제공해야 합니다. 공통의 목적은 얼마나 RPA 시스템을 편리하게 사용하느냐의 문제입니다.

가장 먼저 해당 업무가 얼마나 잘 수행되고 있는지를 운영자가 쉽게 확인할 수 있어야 하고, 업무 피크 상황이나 장애 발생 시 운영 담당자 업무가 폭증하거나 RPA 운영이 중단되지 않도록 설계되어 사용자 불편이 최소화되도록 지원하는 내용이 주를 이루게 됩니다.

가장 먼저 사용자를 구분하는 목적 및 제공되는 서비스 내용을 살펴보겠습니다.

❶ 사용자 그룹별 권한 관리

RPA 사용자의 구분은 접근 권한의 제어를 통한 데이터 보안에 국한되지 않고
서비스 만족도 향상을 위하여 필수적인 요소입니다.

■ 그룹별 분류(개발자, 관리자, 운영 담당자)

사용자 그룹에 대한 권한 관리가 필요합니다. 기본적인 그룹을 RPA 소프트웨어에서 정의하여 주기도 하지만 각자의 회사에 맞는 사용자 그룹을 정의하고 각 그룹에 필요한 서비스를 정의합니다. 또한 사용자별 권한의 구분도 필요합니다.

개발자는 프로젝트 수행 중 사용하는 권한으로 주로 외부 인력에 대한 관리에 속하는 부분입니다. 개발 인력을 하나의 풀 ^{Pool} 로 관리할 수 있지만, 주요 자원을 예로 들어, 표준 템플릿, 공통 프로세스 관리 오류로 발생할 수 있는 문제를 해결하기 위하여 개발자 그룹의 권한을 차등화 ^{differentiation} 하여 관리할 수 있습니다. 내부 인력의 경우에는 가장 중요

한 것이 타 부서의 자원에 대한 접근 통제 부분입니다.

불과 일이 년 전만 해도 RPA 소프트웨어에서 사용자의 그룹별 관리 기능이 없는 경우가 있었습니다. 엔터프라이즈급 사용자에 대한 배려가 크게 필요하지 않다고 판단한 까닭입니다. 하지만 사내 여러 부서에서 RPA를 사용하는 경우 타 부서의 작업에 대한 잘못된 접근 및 작업 처리는 커다란 리스크를 가져올 수 있습니다. 이에 RPA 소프트웨어에서는 해당 권한을 분리하는 기능을 제공하게 되었습니다. 총괄관리자 이외의 직원들에 대한 권한 분리는 사고 예방에 필수적인 기능입니다.

각 RPA 소프트웨어별로 제공하는 권한 분리에 대한 내용을 간단히 살펴보겠습니다. 먼저 오토메이션 애니웨어에서 제공하는 RBAC 기능에 대한 설명입니다. RBAC에서는 사용자의 역할별 관리 기능을 제공하고 있습니다.

기본 역할	설명
AAE_Admin	다른 관리자 생성 기능과 모든 폴더 및 파일에 대한 액세스 기능을 포함한 모든 기능에 액세스할 수 있습니다. Enterprise 제어실 설정에 액세스할 수 있는 유일한 역할입니다.
AAE_Basic	사용자가 내 태스크 폴더에 TaskBot을 업로드 및 다운로드할 수 있습니다. 다른 기능에 대한 액세스는 제한됩니다.
AAE_Bot Insight 관리자	사용자가 Bot Insight 내의 데이터를 확인하고 관리할 수 있습니다. Enterprise 제어실 기능에 대한 액세스는 제한됩니다(Bot Insight 라이선스가 설치된 경우). 이 기능을 통해 사용자는 Bot Insight RESTful API에 액세스하여 Enterprise 제어실에서 기록한 데이터와 '프로덕션' 실행 동안 태스크에서 기록한 데이터에 액세스할 수 있습니다.
AAE_Bot Insight 사용자	사용자가 Bot Insight 내의 데이터를 보고 Enterprise 제어실 기능에 대해 제한적으로 액세스할 수 있습니다(Bot Insight 라이선스가 설치된 경우).
AAE_Bot Insight 전문가	사용자가 Bot Insight 내의 데이터를 관리하고 Enterprise 제어실 기능에 대해 제한적으로 액세스할 수 있습니다(Bot Insight 라이선스가 설치된 경우).
AAE_Bot Store 사용자	사용자가 봇 스토어에서 봇 패키지 또는, 디지털 작업자를 Enterprise 제어실 리포지토리로 다운로드할 수 있습니다.
AAE_BotFarm 관리자	사용자가 BotFarm 관리자 권한에 액세스할 수 있습니다.

AAE_BotFarm 에이전트	사용자가 해당 사용자에 대한 권한을 보고 관리할 수 있습니다.
AAE_IQ Bot 관리자	사용자가 IQ Bot 관리자 권한에 액세스할 수 있습니다.
AAE_IQ Bot 서비스	사용자가 IQ Bot 콘솔에 액세스하고 Enterprise 제어실 기능에 대해 제한적으로 액세스할 수 있습니다.
AAE_IQ Bot 검사기	사용자가 IQ Bot 검사기 스크린에 액세스하고 Enterprise 제어실 기능에 대해 제한적으로 액세스할 수 있습니다(IQ Bot 라이선스를 보유한 Bot Runner의 경우).
AAE_사물함 관리자	사용자가 모든 자격증명과 모든 사물함을 볼 수 있습니다. 사물함 관리자는 소유하지 않은 자격증명의 소유자를 변경할 수 있습니다. 소유하지 않은 사물함의 경우 관리자는 사물함을 삭제하고, 권한을 편집하고, 자격증명을 제거할 수 있습니다.

표 2-2 오토메이션 애니웨어 소프트웨어에서 역할 구분(예시)

사용자별 권한을 분리하여 사용함으로써 부서별 자원 보호 및 공통 프로세스 등의 오류 수정에 대한 예방 등으로 운영 안정성을 높이게 됩니다.

❷ 사용자 메시지 관리

사용자 메시지를 분류하여 전달하는 이유는 의미 있는 정보를 필요한 사람에게 신속하게 전달하기 위함입니다. RPA는 지속적인 관심이 필요한 소프트웨어입니다. 장애가 발생하거나 업무가 진행되지 않는 상태로 RPA 로봇이 방치된 경우에는 업무 효과성 저하 이외에도 커다란 문제를 야기할 수 있습니다. 그렇기 때문에 문제가 발생한 경우에 해당 업무와 관련이 있는 직원에게 신속하게 상황을 전달하는 것이 중요합니다. 메시지 관리는 일련의 과정을 빠르게 처리하기 위해 필요한 부분이며, 이를 통해 오류에 신속히 대응하며 업무 효율을 향상시킬 수 있습니다.

■ 신속한 메시지 전달 수단 확보

가장 신속한 메시지 전달 수단을 확보할 필요가 있습니다. 사내에서 이용하는 메신저나 챗봇, 이메일 등의 의사전달 수단 중 직원들이 가장 익숙하고 많이 사용하고 있는 수단을 통하여 RPA 운영에 필요한 정보를 신속하게 전달할 수 있도록 합니다. 메시지 전달 수단을 가급적 단순하게 운영하되 해당 채널의 오류 발생에 대한 대처 방안도 고려해야 합니다.

■ 사용자 맞춤형 메시지 구성

메시지를 확인하게 되는 사용자 그룹에 맞게 메시지를 전달해야 합니다. 시스템 관련 오류 메시지는 오류가 발생한 형태 그대로 유지 보수 담당자에게 전달하는 것이 효과적이지만, 개발자가 아닌 일반 사용자에게 시스템에서 발생하는 메시지를 그대로 전달하면 가독성이 떨어지는 관계로 메시지 확인 후 꼭 필요한 조치 사항을 즉시 수행하지 못하게 되는 원인이 됩니다.

RPA 프로세스를 유지 보수하는 운영 담당자에게는 즉각적인 프로세스 수정이 가능하도록 RPA 프로세스 내 오류 발생 위치나 시스템에서 제공되는 정보를 전달합니다.

업무 사용자에게는 업무의 시작이나 종료와 같은 진행 상황이나 오류 발생에 따른 업무적 조치가 필요한 경우 해당 요청 내용을 전달하도록 합니다.

각각의 그룹별 사용자에 적합한 맞춤형 메시지 전달을 기준으로 하고 이러한 사용자 맞춤형 메시지 전달 방식을 개발 표준에 포함시켜 개발자들이 미리 약속된 형태로 정보를 전달할 수 있도록 관리합니다.

■ 예외 상황 시 메시지 전달 방안

사용자의 부재 혹은, 시스템의 운영 시간을 고려해서 메시지를 전달하는 방안을 감안해야 합니다. 사용자가 원격지 혹은 장기간 부재중인 경우에는 해당 사용자에게 별도의 메시지가 전달될 수 있는 방안을 마련해야 합니다. 카톡 메시지 혹은 SMS

③ 운영 매뉴얼 관리

장애가 발생하는 경우 최신화된 운영 매뉴얼이 비치되어 있지 않다면 즉각적인 대처가 어렵고 운영 담당자의 부담도 커지게 됩니다. 운영 매뉴얼에서 가장 많이 참조하게 되는 것이 RPA 업무 장애 발생 시 어떻게 처리를 할 것인지에 대한 내용과 업무 관련자의 비상 연락망 등입니다.

이외에도 운영 매뉴얼에 담아야 할 내용들은 매우 많습니다. 운영 매뉴얼이 최신화 상태로 유지되어야 하고 손쉽게 열람이 가능한 상태로 배치될 수 있도록 관리합니다.

외산 RPA 소프트웨어를 사용하는 경우 각종 매뉴얼이 영어로 작성되어 있어 접근성이 떨어질 수 있습니다. 유지 보수 담당자를 위하여 꼭 필요한 개발 관련 내용들은 필요시 한글화 작업을 통해 준비해야 합니다.

운영 매뉴얼을 중심으로 개발 매뉴얼까지 각 담당자들이 지속적으로 최신화 작업을 수행토록 하고 담당자 변경 시 누락되는 사항 없이 인수인계가 이루어지도록 합니다.

❹ RPA 모니터링 시스템 구성

대규모 RPA 시스템 운영에 있어 모니터링 시스템은 선택의 문제가 아니라 필수적인 항목입니다.

모니터링 시스템을 구성하여 얻을 수 있는 편의성은 업무가 잘 수행될 수 있는지를 관리자가 쉽게 확인할 수 있게 해주는 것입니다. 많은 RPA 소프트웨어가 시스템을 모니터링하고 제어하는 기본적인 화면을 제공하고 있습니다. 하지만 기본 화면에서 제공되는 정보는 운영 사이트별 특성을 반영하지 못하고 운영 상황을 효과적으로 모니터링하는 기능도 부족한 측면이 있습니다. 이러한 아쉬움을 해결하는 방법은 사용자가 각 사의 운영 특성에 맞추어 모니터링 시스템 ^{또는 사용자 대시보드}을 구성하는 것입니다.

RPA 도입 초기에 운영 규모가 작은 경우에는 RPA 시스템 모니터링의 필요성을 느끼지 못할 수도 있지만, 운영 규모가 커질수록 모니터링 시스템은 선택이 아닌 필수적인 항목으로 자리매김하게 됩니다.

■ 모니터링 시스템의 역할

모니터링 시스템의 역할은 장애 대응, 자원 배분, RPA 운영 모델 고도화로 나누어 볼수 있습니다. 장애 대응의 세부 내용은 장애 발생에 관한 조기 경보, 조치가 필요한 프로세스나 로봇에 관한 정보 제공, 기타 운영환경에 관한 정보 제공입니다. 자원 배분은유휴 자원의 재배치, 스케줄 관리 등이 있습니다. 마지막으로 RPA 운영 모델의 고도화를 위해 RPA 운영 현황에 대한 깊이 있는 분석을 할 수 있는 기능을 제공하여 운영 담당자의 업무 부담을 최소화하고 효과적인 운영을 가능하도록 지원합니다.

■ 모니터링 대상

실제로 RPA 운영자가 가장 관심 있게 생각하는 것은 로봇 PC에서 오류가 발생하고 있지 않느냐와 업무가 중단된 상태로 있는가의 여부입니다. 운영 담당자의 장애 대응이필요한 유형을 나누어 보면 다음과 같습니다.

- 오류가 발생하지만 업무는 정상 처리되는 경우
- 오류가 발생하였거나, 팝업 창이 등장한 상태로 업무가 중단된 경우
- 오류가 발생하면서 작업이 비정상적으로 계속 처리되는 경우

■ 모니터링 시스템의 구성

모니터링 시스템은 실시간 상황을 보여주는 대시보드와 과거의 내용을 살펴볼 수 있는각종 운영현황에 관한 정보를 제공하는 보고서 제공 시스템으로 구성될 수 있습니다.먼저 대시보드에서 제공하는 정보는 전체적인 상황을 한눈에 살펴볼 수 있는 요약된 업무 현황부터 시작해서 세부적으로 작업^{프로세스}의 상태, 작업량, 오류 발생 현황, 디바이스^{로봇PC}의 활동 상황 등입니다.

■ 운영현황 보고서 작성

보고서는 회사마다 그리고 용도별로 매우 다양한 양상을 띠지만, 공통적으로 확인할 수있는 부분이 있습니다. 바로 RPA 프로세스 품질에 관한 고민입니다. 대부분의 회사는

RPA 프로세스가 품질을 얼마만큼 유지하고 있는지 지속적으로 모니터링하고자 합니다. 보고서 작성은 이러한 모니터링에 필수적인 요소입니다. 여기에서는 Queue 방식의 보고서를 기준으로 하여 작성된 내용을 살펴보겠습니다. 보고서에서 가장 중요한 키워드는 처리 성공률로 사용자가 요청한 업무를 어느 정도까지 처리했는지를 확인할 수 있는 지표입니다.

■ 모니터링 시스템 구축 시 고려 사항

첫 번째로 현재 운영 상황과 모니터링 시스템에서 제공되는 정보의 시간 차이인 지연 시간입니다.

모니터링 대상인 RPA 로봇과 현재 모니터링 시스템에서 전달하고 있는 정보가 최대한 일치해야 합니다. 모니터링 시스템의 성능이 좋을수록 현재 운영되는 RPA 시스템 현황 정보가 모니터링 시스템에 갱신되는 시간 간격이 짧아지게 됩니다. 모니터링 시스템에서 제공되는 RPA 시스템의 정보와 실제적인 운영 현황 간의 정보 불일치 시간이 어느 정도인지 면밀히 살펴보아야 합니다.

두 번째로 모니터링 시스템에서 제공되는 정보를 최신화하는 정보 갱신 주기입니다. 모니터링 화면을 자동으로 갱신하는 기능이 추가되었다면 얼마만큼의 시간 간격으로 전달하느냐의 문제가 있습니다. 실시간에 가깝게 정보를 전달하는 것이 바람직하지만 이러한 요건을 충족하기 위하여 무리하게 모니터링 정보를 수집하게 되면 로봇 시스템의 서버에 부하를 줄 수도 있습니다. 모니터링 시스템의 성능과 용량에 맞추어 적절한 정보 갱신 주기와 지연 시간latency을 선택합니다.

02 안정성

> 안정성은 RPA 서비스를 제공받는 사용자들에게 RPA에 대한 불안감을
> 해소시키고, 지속적이고 안정적인 RPA 서비스의 제공을 목표로 합니다.

안정성이란 RPA 시스템에서 제공하는 서비스 수준이 외부 환경의 변화와 관계없이 일정 수준을 유지하는 것을 의미합니다. 이는 RPA가 작업을 끊임없이 수행한다는 것이 아니라 작업이 오류 없이 수행되거나 오류가 발생하더라도 사전에 정의된 리스크 범위 내에서 진행되는 것을 의미합니다. 안정성 측면에서 개발자와 운영자 간의 시각 차이에 대하여 살펴보겠습니다.

개발자 입장에서는 해당 RPA 프로세스의 기술적인 구현에만 관심을 집중하게 되어 있습니다. 하지만 RPA 운영자 입장에서는 RPA 프로세스가 수행되는 것에 그치지 않고 노련한 운전사처럼 발생할 수 있는 위험요소를 잘 극복하고 소기의 비즈니스 성과를 달성할 수 있도록 RPA 시스템을 제어할 수 있는 기능이 필요합니다.

여기에서 업무 리스크를 어떻게 파악하고 해당 위험 요소를 어떤 방식으로 제어할 수 있는지를 판가름할 수 있는 능력이야 말로 사용자 입장에서 가장 어려우면서도 중요한 핵심 능력이라 할 수 있습니다.

안정성을 확보하기 위하여 필요한 기능들을 하나씩 살펴보겠습니다.

❶ Queue 방식 활용

> 업무상 리스크를 파악하고 관리할 수 있는 단위로 구분하여 제어 기능을 프로세스 개발
> 단계에서 배치될 수 있도록 구성하는 것이 사용자의 역할인 동시에 핵심 역량입니다.

Queue에 대한 의견은 여러 가지가 있지만 가장 일반적인 것은 어렵다는 얘기를 많이 합니다. 실제로 Queue 시스템을 활용하는 것은 기술적으로 가장 어려운 부분에 속합니다. 하지만 Queue를 활용하면 작업의 정교한 처리 지원, 순서 처리 등 많은 장점이 있

기 때문에 엔터프라이즈 레벨의 작업 처리 시에는 가급적 Queue를 활용하는 것이 좋습니다. 여기에서는 Queue 구성 방안과 효과적 업무 처리를 위한 제어 방안으로 나누어 살펴보겠습니다.

■ Queue 구성 방안

Queue의 구성 형태와 Queue 사용 시 RPA 로봇의 역할 분담, Queue 활용 시 유의 사항에 대하여 살펴보겠습니다.

● Queue 기본 구성

모두들 알다시피 Queue는 FIFO^{First In First Out}의 특성이 있어 작업의 순차적인 처리를 지원할 수 있습니다. 또한 작업을 세분화하여 Queue에 적재하면 적재 단위별로 작업의 수행 흐름을 제어할 수 있게 되어 좀 더 세밀한 작업 처리가 가능하게 됩니다. [그림 2-16]에서 살펴보면 메일이나 사내 시스템 또는, 엑셀 등을 활용하여 작업 요청을 하게 되면, 순차적으로 101번부터 177번까지 작업 목록이 생기게 되고 다수의 RPA 로봇이 101번부터 의뢰한 순서대로 작업 처리를 진행하게 됩니다.

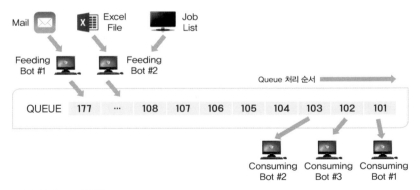

그림 2-16 Queue 개념도

● 적재 봇(Feeding Bot)와 처리 봇(Consuming Bot)의 역할 분담

대량의 작업을 처리하기 위해 많은 대수의 로봇 PC를 사용하는 경우가 있습니다. 이런 경우에 로봇에게 작업을 지시하기 위하여 사용자 Queue에 쌓는 작업을 수행하는 적재 봇Feeding Bot과 실제 업무를 처리하는 처리 봇Consuming Bot으로 역할을 구분하여 구성할 수 있습니다. 블루프리즘이나 오토메이션 애니웨어의 RPA 소프트웨어에서는 적재와 처리 두 가지 역할을 하는 로봇 PC의 물리적인 구성을 별도로 하는 것을 권장하고 있습니다. 작업 처리상의 무결성을 위하여 권고하는 조치이지만 사용자 입장에서는 투입 로봇 대수를 줄이기 위해 매우 번거롭고 신경 써야 하는 부분이 많이 발생하게 됩니다.

가장 주요하게 고려할 사항은 적재 봇과 처리 봇 간의 작업의 업무 부담이 최적화될 수 있는 자원의 배분 문제입니다.

만약에 적재 봇에서 투입되는 양을 처리 봇에서 처리하는 과정에서 병목 현상이 발생하면 작업 완료 시점이 지연됩니다. 반대로 적재 봇보다 처리 봇의 대수가 많은 경우에는 처리 봇에서 불필요한 업무 대기 시간이 발생합니다.

적재 봇 부분에는 작업의 지속 시간이 추가적인 검토 사항이 될 수 있습니다. 작업이 특정 시간에만 의뢰되거나 업무 처리 속도 측면에서 의뢰 작업이 현저하게 짧은 경우에는 적재 봇이 다른 작업을 처리하거나 처리 작업에 투입될 수 있도록 하여 전체 작업 시간이 단축될 수 있도록 조정이 필요합니다.

● 중복 처리 방지

사용자의 Queue를 구성하는 정보는 실행되는 작업에서 필요한 항목들을 선택하여 나열시키도록 합니다. Queue에 작업 내용을 적재하는 단계에서 오류가 발생할 수 있기 때문에 동일한 작업이 Queue 내에 중복 적재되지 않도록 관리합니다. 해당 작업을 고유한 키로 구분하여 중복을 방지하는 작업이 수월하게 진행되도록 합니다.

그림 2-17 Queue를 활용한 중복 처리 방지

■ Queue 제어 방안

Queue 방식 사용 시 사용자의 요청 사항에 효과적으로 대응하기 위하여 작업 순서의 조정이나 재작업 처리 등의 기능이 필요합니다. 각각의 기능과 필요한 사례를 살펴보겠습니다.

● 오류 처리 및 재처리

프로세스를 관리하다 보면 Queue Item을 직접적으로 처리해야 하는 경우가 있습니다. 가장 많이 발생하는 경우로 업무가 중복으로 등록되는 것입니다. 당연히 동일한 작업이 수행되지 않도록 방지 처리되어야 하지만 Queue의 구성 오류나 장애로 인하여 업무가 중복으로 등록되는 경우가 발생하여 중복된 Queue를 삭제하는 경우가 있습니다. 아쉽게도 현재 대부분의 RPA 소프트웨어에서는 사용자 인터페이스를 활용하여 해당 Queue 를 삭제할 수 있는 기능을 제공하지 않습니다. 별도의 API 프로세스를 이용하여 삭제 처리하는 방안도 있지만, 이러한 API 프로세스가 준비되지 못한 경우 컨트롤 룸에서 직접 처리해야 합니다.

운영 중에 발생하는 또 다른 사례는 해당 Queue 처리 도중에 예외가^{Exception} 발생하여 재처리가 필요한 경우입니다. 예외가 발생한 Queue 항목을 컨트롤 룸에서 직접 재수행하도록 제어가 가능하지만, 사용자의 실수로 추가적인 오류가 발생할 수 있기에 주의가 필요합니다. 이러한 조작 실수를 예방하기 위하여 Queue 항목의 삭제나 재처리는 별도의 사용자 인터페이스 혹은, 프로세스 작성을 통하여 처리하는 것이 바람직합니다. 별도의 프로세스를 이용하여 오류가 발생한 Queue Item을 다시 적재할 때에는 Re-Feeding 여부를 알 수 있게 하고 횟수도 제한하는 것이 바람직합니다.

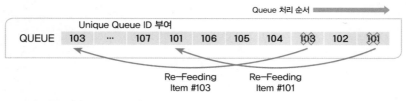

그림 2-18 오류 처리 Queue Item의 재의뢰

● 처리 순서의 조정

처리 순위의 조정은 업무의 긴급성과 관련된 내용입니다. 같은 업무를 수행하는 경우라 하더라도 업무의 우선순위가 달라지는 상황이 발생할 수 있습니다. 사용자 필요에 따라 동일한 업무에서 처리 순서를 바꾸어 먼저 처리하고자 한다면, 이를 지원할 수 있는 기능을 마련해야 합니다. 사용하는 RPA 소프트웨어가 Queue의 처리 우선순위를 구분하여 처리하는 기능을 가지고 있다면 해당 기능을 사용하면 됩니다. 만약 Queue의 우선순위 처리에 대한 별도의 기능을 제공하지 않는다면 사용자가 해당 기능을 추가로 준비해야 합니다. 이러한 요구 사항을 해결하기 위해 동일한 Queue 항목을 가지고 별도의 긴급 Queue 항목을 만들어서 프로세스에서 긴급 Queue를 먼저 처리할 수 있도록 함으로써 사용자의 요구 사항을 만족시킬 수 있습니다. 이러한 우선순위 개념의 적용은 한정된 RPA 로봇 자원 내에서 사용자의 요구에 최대한 부응하려는 노력의 일환으로 보면 됩니다.

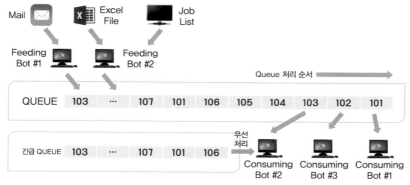

그림 2-19 긴급 업무 수행을 위한 사용자 긴급 Queue 활용

❷ 재수행/재작업 관리 방안

작업의 전부 혹은, 일부의 재처리를 통하여 사용자가 원하는 시간에 원하는 분량의
업무 처리와 결과를 전달해 줄 수 있는 방법을 마련할 수 있습니다.

먼저 재수행과 재작업의 의미부터 구분해 보겠습니다. 재수행이란 하나의 작업이 수행되는 도중에 일정한 단위별로 재처리를 실행하는 것을 의미하고 재작업은 작업이 종료된 이후에 장애 복구 차원에서 혹은, 업무 편의성을 위하여 전체 작업이나 일부분에 대한 재처리를 수행하는 것으로 정의하겠습니다.

구분	정의	세부 내용	관리 방안	의사결정
재수행	하나의 작업에 속하는 작업 단위별 재처리	• 화면 항목별 재수행 • 화면 단위별 재수행 • 하나의 작업 단위별 재수행	개발 표준 내 정의	RPA C.o.E 또는 운영 담당자
재작업	하나의 작업이 종료한 이후 전체 작업 또는 오류 처리된 항목에 대한 재처리	• 전체 작업의 재수행 • 오류 항목만의 재수행	스케줄 관리	업무 담당자

표 2-3 재수행과 재작업의 구분

재수행에서 확인해야 할 사항은 프로세스 내에서 재처리를 진행하는 것을 어느 단계에서 멈추어야 하느냐인데 이는 해당 업무의 재수행 가능 여부와 리스크의 크기에 따라 재수행 횟수와 시점을 다르게 결정할 수 있습니다.

예를 들면, 해당 업무의 성격이 조회성 업무로써 몇 번을 실행해도 결과에 이상이 없고 리스크가 없다면 지속적으로 재수행하도록 합니다. 업무의 효과적인 처리 측면에서 즉각적인 재수행 처리가 맞는지를 검토하는 타당성 검토도 실시합니다. 특정 시점에서 장애가 발생하는 것이 구조적인 문제에 해당되는 것이라면 별도의 효과적인 재작업 시점을 정하는 것을 의미합니다.

예를 들어, 팩스 문서를 발송하는 업무에서 해당 문서를 수령하는 팩스 시스템의 과부하로 인해 장애가 발생한 경우이고, 해당 사이트에 대한 사용자 경험상 특정 시간대나 특정한 요일에 집중적으로 발생하는 것이라면 발송 프로세스의 무의미한 재수행은 결코 도움이 될 수 없습니다. 이런 경우에는 사용자 경험치에 기반하여 제한적인 재수행 회수를 두도록 하고 특정한 시점에 재작업을 수행하도록 하는 것이 효과적입니다.

화면이나 항목의 재수행 처리 회수는 전체적인 개발 표준에 적시하여 운영하고 재작업이 필요한 경우에는 사용자의 요건으로 재작업의 시점과 회수를 결정합니다.

처리 중 오류가 발생하였거나 작업을 시작하지 못한 경우 등 작업을 재처리해야 하는 다양한 경우가 발생할 수 있습니다. 작업을 재수행해야 하는 다양한 경우가 있습니다. 프로세스 작성 시에 이런 난감한 상황을 감안하지 않고 작성했다면 실제 운영상에서 발생하는 각종 상황에 유연하게 대처하기가 매우 어려울 수 있습니다. 그래서 좀 더 편리하게 재작업을 수행할 수 있도록 사전에 아래의 항목들에 대해 미리 생각해보며 프로세스를 작성합니다.

■ 재처리가 불가능한 부분의 제외

재작업 시 필요한 처리 흐름의 분기가 가능하도록 동적 파라미터 전달을 통한 작업이 가능하도록 합니다. 예를 들어, 특정 시스템에서 조회된 정보를 활용하여 프로세스를 진행하게 되는데 해당 시스템의 장애나 조회 시점의 차이로 인하여 직접 조회가 불가한 경우 특정 수행 조건에 의하여 별도의 저장된 파일을 참조하여 수행할 수 있도록 구성합니다.

■ 작업 기준의 변경

일자별로 작업을 종료해야 하는 경우에 대상 업무 범위를 조회하거나 처리 시에 입력하게 되는 일자가 손쉽게 제어될 수 있도록 작성합니다.

■ 시스템의 재작업 환경 자동 구성

재작업을 진행하기 위하여 시스템의 환경이나 정비가 필요한 경우 횟수에 상관없이 자동으로 신속히 수행할 수 있도록 합니다. 초기 작업 의뢰를 위한 입력 파일의 재생성, 중간 작업 파일의 삭제, 기 생성된 작업 결과의 삭제 및 보존이 이에 해당합니다.

❸ 표준 템플릿 구성 방안

표준 템플릿에 관한 내용은 개발 표준에서 자세하게 다루었습니다. 여기에서는 표준 템플릿의 중요성을 다시 한번 강조하는 것으로 대신하겠습니다. 표준 템플릿을 작성하는 가장 큰 목적은 표준화된 에러 핸들링과 공통된 업무의 효과, 신속한 수행입니다.

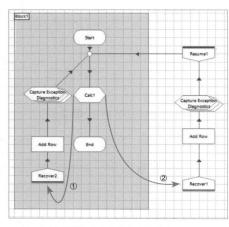

exception 처리의 가장 중요한 개념은 처리의 계층적 특성이다.
Exception이 발생하면 다음의 일들이 일어나게 된다.

① 만약 현재 stage가 블록 안에 있고 블록 내에 Recovery 스테이지를 포함하고 있으면 제어는 그쪽으로 넘어가게 된다.
② 반면에 현재 페이지가 Recovery 스테이지를 포함하고 있는(블록 밖에) 경우, 제어는 그쪽으로 넘어가게 된다.
③ 이 페이지가 다른 페이지 참조, action, 서브 프로세스 호출에 의하여 불려진 경우, 원래 호출하였던 해당 stage에서 Exception이 발생한 경우 상기의 규칙이 다시 한번 적용된다.

그림 2-20 부정확한 예외 처리의 발생 현상

[그림 2-20]에서 확인할 수 있는 내용은 오른쪽에 보이는 Recover-Resume으로 이어져야 하는 예외 처리의 표준 형태가 왼쪽의 Block1로 구분되어 있는 예외 처리 단위에서 누락된 경우입니다.

잘못된 예외 처리의 결과로서, 본래 의도와는 달리 해당 프로세스는 에러 발생 시에 ①번과 ②번의 업무 처리를 번갈아서 수행하게 됩니다. 이러한 예외 처리의 부정확함은 RPA 업무의 신뢰성에 막대한 타격을 입힐 수 있습니다. 미숙한 예외 처리로 인하여 발생하는 수많은 문제점을 예방하기 위하여 예외 처리에 관하여 표준 템플릿 활용을 기본으로 할 수 있도록 합니다. 표준 템플릿 활용은 일회성의 교육에 그치지 않고 개발자가 모든 프로세스에 적용할 수 있도록 지속적으로 관리해야 합니다.

④ 시스템 장애 처리 방안

RPA 시스템 장애 대응을 서버 복구와 RPA 로봇 PC 재가동, 업무상 처리의 세 부분으로 나누어 살펴보겠습니다.

■ RPA 서버 복구

시스템 장애 대응에 있어 RPA 서버^{일반적으로 컨트롤 룸}에 관한 내용은 일반적인 시스템과 유사합니다. 일부 RPA 소프트웨어는 RPA 서버에서 가동되는 서비스의 종류가 많고 기동순서도 준수하도록 되어 있어 관리자의 부담을 최소화하기 위하여 사전에 런 스크립트로 작성해 두는 것을 권장합니다. 작성한 런 스크립트는 서버 바탕화면이나 로그인 디렉터리에 배치하여 누구나 손쉽게 조작할 수 있도록 합니다.

장애 발생 시 시스템의 재기동 지연 및 업무적인 누락이 발생하는 것을 최소화하기 위해 Fail-Over 테스트를 실시합니다.

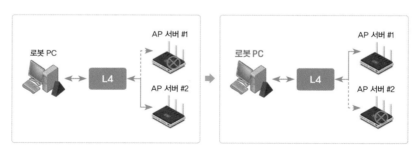

그림 2-21 RPA AP 서버의 Fail-Over

하나의 AP 서버에서 장애가 발생한 경우에는 일반적으로 다른 쪽 AP 서버가 그 서비스를 이어받아서 계속적으로 RPA 업무 운영이 가능하도록 지원하는 것이 정상입니다. 하지만 간혹 RPA 소프트웨어의 결함으로 인하여 정상적인 Fail-Over가 이루어지지 않는 경우가 있습니다. Fail-Over 실패 시 시스템의 정상화를 위하여 필요한 절차를 마련합니다. DB 서버의 경우도 마찬가지이지만, 고가용성 DB를 사용하지 않는 경우 AP 서버

보다 장애 범위가 커질 수 있습니다. DB 서버의 정기적인 백업으로 RPA 유지 보수 내용이 보존될 수 있도록 합니다.

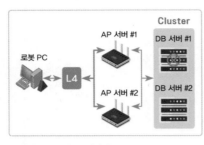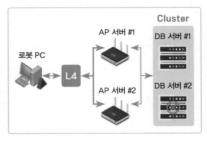

그림 2-22 RPA DB 서버의 Fail-Over

■ RPA 로봇 PC 재기동

서버 시스템의 장애가 복구된 이후에 RPA 로봇이 RPA 서버로 신속하게 재접속 할 수 있는 방안을 마련합니다. 서버가 복구된 후 별도의 조작 없이 서버에 연결되는 경우도 있지만, 특정 RPA 소프트웨어의 경우 재접속을 시도해야 하는 경우도 있습니다. 특히 물리적인 로봇 PC를 대량으로 운영하는 경우 RPA 로봇 PC 재기동에 소요되는 시간이 길어질 수 있습니다. 미리 RPA 로봇 PC 재기동에 소요되는 시간의 최소화 방안과 절차를 마련합니다.

■ 업무상 처리

서버에서 장애가 발생한 경우 Fail-Over가 정상적으로 작동되었어도 장애 발생 시점에 처리 중이던 프로세스는 이상 상황에 빠지는 경우가 있습니다. 해당 작업이 오류로 떨어지는 것도 확인되어야 하지만 오류가 아닌 이상 상태가 되었는지도 확인합니다. 하나의 시스템에서 업무가 처리되는 기존 IT 시스템과 달리 다수의 PC 환경에서 처리하는 RPA 특성에 의해 발생하는 오류입니다. 업무 처리가 누락되거나 이상 처리가 되지 않도록 점검합니다.

03 확장성

확장성은 대량의 작업을 순조롭게 처리할 수 있게 지원하는 것으로,
RPA 자원의 원활하고 용이한 공유를 바탕으로 제공될 수 있습니다.

많은 회사에서 RPA 적용 업무의 확대는 현재 진행형이고 앞으로도 당분간은 지속될 것입니다. RPA 업무가 수월하게 확장될 수 있도록 그 토대를 탄탄히 하는 것이 매우 중요한 시점에서 확장성에 대해 어떻게 얘기할 수 있는지 살펴보겠습니다.

업무를 쉽게 확장하기 위해서는 RPA 프로세스 적용이 수월해지고 운영 규모가 증대하더라도 운영상의 복잡도가 증가하지 않도록 해야 합니다.

먼저 RPA 프로세스 적용을 용이하게 만들기 위해서는 개발 생산성이 증가되어야 합니다. 가내수공업 공장에서 물건을 만들어내는 것과 로봇이 움직이는 자동화된 공장에서 물건을 만들어내는 것은 생산성의 차이가 극명할 수밖에 없습니다. 그렇다면 이러한 개발 생산성은 어떻게 높일 수 있을까요? 개발 생산성의 측면에서 살펴보면 재사용 모듈의 확대 및 표준 관리에 핵심이 있다고 할 수 있습니다.

❶ 개발 생산성 향상

단계별 도입을 진행하는 RPA 프로젝트에서 이전 단계보다
신속하고 효과적인 개발을 진행할 수 있도록 준비해야 합니다.

개발 생산성을 높이는 방법을 구성 인력의 기술 수준에 의존하는 것은 품질을 균일하게 유지하는 데 있어 한계가 있을 수 있습니다. 모든 개발자가 개발 표준에 대한 이해도를 가질 수 있도록 교육을 진행하고, 표준 템플릿과 공통 프로세스의 적극적인 활용을 통하여 개발 생산성을 극대화할 수 있도록 해야 합니다. 해당 역할은 개발 업체에서 수행하여야 하지만 사용자 측에서도 개발 생산성을 높이기 위하여 지속적인 관심과 노력을

기울이도록 합니다. 유지 보수 단계에서도 표준 템플릿과 공통 프로세스 관리는 핵심 역량을 증대할 수 있는 중요한 요소입니다.

❷ 스케줄링 고도화 지연 실행, 사전 점검 기능 강화

스케줄링 기능에 관한 정확한 이해 및 총괄적인 관리가 필요합니다. 정확한 스케줄링 시간에 정해진 조건대로 수행하는지를 확인해야 합니다. 스케줄링은 사전에 등록된 스케줄링에 의한 처리, 메일이나 쪽지를 통한 즉시 기동, 개별 PC의 스케줄 적용 등 매우 다양한 형태가 존재합니다.

엔터프라이즈 레벨의 대규모 RPA 시스템을 운영하는 경우 스케줄링의 다양한 기능을 혼용하여 사용하는 경우가 많습니다. 다양한 스케줄링 기능을 활용하는 것도 좋지만 너무 많은 종류의 스케줄링 방식의 채용은 사용자의 운영 부담을 가중시키는 요소가 될 수 있습니다. 사내에서 가장 적합한 방식의 스케줄링 방식을 선별하여 제한된 범위에서 운영하는 것이 좋습니다.

⟨⟨⟨ 소소한 Tip⚡ ⟩ 사라진 스케줄

운영하고 있는 RPA 시스템에서 예정되어 있던 작업 스케줄이 사라지는 경우가 발생할 수 있습니다. 이러한 경우를 대비하여 작업의 스케줄에 대한 정보의 백업 및 스케줄 여부를 확인할 수 있는 매뉴얼의 정비, 모니터링 시스템의 완비가 필요합니다.

RPA 운영 중에 느끼는 점은 RPA 소프트웨어가 아직은 부족한 점이 많다는 것입니다. 특히 대규모 작업을 수행하는 경우에는 정교한 제어가 필요한데 이에 대한 기능이 부족한 부분이 많습니다. 스케줄과 관련된 기능들도 각각의 RPA 특성, 예를 들면 스케줄 작업이 Queue 처리에 우선한다거나, 선행 작업이 지연된 경우 지연된 스케줄 작업의 구동 여부에 대하여 정확한 기능 파악이 필요합니다. RPA 자원 활용을 최대화하기 위해서는 매우 세심한 고려가 필요합니다. 앞으로 RPA 기능이 좀 더 발전한다면 이러한 노력이 필요 없을 수 있겠지만 현재로서는 사용자의 세심한 주의가 필요합니다.

❸ 24 * 365 운영 지원

RPA 시스템에 대한 요구 사항이 늘어나면서 업무의 운영 시간도 함께 늘어나게 됩니다. 연중무휴로 시스템을 운영하기 위하여는 좀 더 정교하고 기능적인 요소들이 뒷받침되어야 합니다. 어떠한 요소들이 있는지 살펴보겠습니다.

■ 자동 시스템 on/off 처리 방안

RPA 시스템을 24*365 체제로 운영하는 경우에 해당 로봇 PC의 전원을 ON/OFF하는 작업을 자동화해야 할 필요가 있습니다. 전원의 OFF는 스케줄 기능을 활용하여 전원을 종료하게 되고, 전원을 켜는 방법은 CMOS 기능을 활용하는 것이 일반적입니다.

시스템의 ON/OFF는 하루에 한 번 실시하는 것이 정상이지만 최상의 로봇 PC 환경의 유지를 위하여 일정 시간 혹은, 지정된 조건에 의해 시스템을 ON/OFF하는 경우도 있습니다. 하루에도 여러 차례 시스템을 ON/OFF하는 이유는 RPA 소프트웨어의 특성상 단순 반복적인 작업의 처리로 인하여 수행 중인 RPA 로봇 PC의 상태가 현저히 나빠지는 경우가 발생하기 때문입니다.

업무상 필요로 인하여 예를 들면 시스템 일자의 변경, 작업 기준 일자의 변경 RPA 로봇을 재가동해야 할 경우도 있습니다. 각각의 경우에 대비하여 RPA 로봇의 재기동을 위한 모듈을 작성하여 필요한 시점에 작동될 수 있도록 준비합니다.

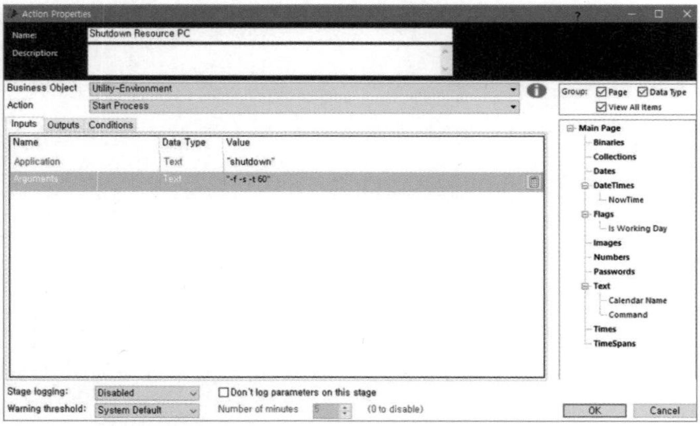

그림 2-23 블루프리즘에서 로봇 PC 재기동

■ 휴일/공휴일 업무 처리 방안

휴일 및 공휴일에 업무 처리가 필요한 경우 해당 스케줄에 대한 정확한 정의가 필요합니다. 일상의 작업 스케줄 관리와 결합하여 휴일 혹은, 비작업일에 대한 고려가 필요한 부분입니다.

원하지 않는 날짜에 오류로 작업이 실행되지 않기 위해서는 정해진 작업일 이외에 작업이 수행되지 않도록 작업일 점검 기능이 공통 프로세스로 구현되어야 합니다. 휴일/공휴일 업무 처리를 위한 작업일 점검 기능을 개발자별로 작성하게 되는 경우에는 유지보수에 많은 어려움을 겪게 됩니다. 공통 프로세스의 활용은 품질 관리의 항목으로 관리합니다.

■ 통합 모니터링 및 원격 모니터링

RPA 운영 업무가 많아지고 대상 시스템이 많아지는 경우 다수의 RPA 운영 그룹으로 나누어야 하는 경우가 발생합니다. [그림 2-24]와 같이 복수의 RPA 서버를 운영하는 경우 전체를 아우르는 통합 모니터링 시스템 구축이 필요합니다. 이러한 통합 모니터링 시스템은 사용자 그룹의 권한이 단일 RPA 서버 사용 시보다 좀 더 계층화되고 구분되어 사용될 수 있도록 합니다.

원격 모니터링 기능도 필요할 수 있습니다. 제한된 운영 인력 혹은, 보안상의 이슈에 따라 원격 모니터링을 생각하게 됩니다. 원격 모니터링 기능도 필요할 수 있습니다. 제한된 운영 인력 혹은 보안상의 이슈에 따라 원격 모니터링을 생각하게 됩니다. 사내에 구축된 시스템이 보안상의 이유로 외부에서 직접적인 접근이 허락되지 않는다면 해당 시스템을 원격으로 모니터링하고 장애가 발생한 경우에 이메일로 작업을 지시하여 장애 처리를 할 수 있는 기능을 고려할 수 있습니다.

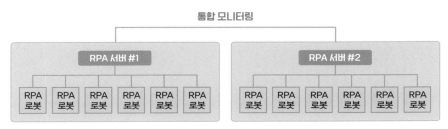

그림 2-24 통합 모니터링

Lesson
07 업체와 사용자 간 사전 협의 사항

업체와 사용자가 전략적으로 협업할 수 있는 방안을 수립하는 것이 중요합니다. 각자의 역할 및 서로의 입장에서의 차이점을 명확하게 이해하고 최선의 목표를 위하여 상호 협력할 수 있는 방안을 모색해야 합니다.

업체와 사용자는 각자의 입장이 다르기 때문에 프로젝트를 바라보는 시각에서 차이가 있을 수밖에 없습니다. 서로의 입장 차이를 이해하고 간극을 최소화하여 같은 지향점을 향할 수 있도록 해야 합니다.

RPA 프로젝트를 수행하면서 업체의 개발 담당 직원들에게 많이 했던 말이 있습니다. '우리 회사는 소프트웨어 회사가 아닙니다. RPA 프로세스만 무조건 실행되도록 하는 것이 목표가 아닙니다. RPA 프로세스가 사용자 입장에서 효과적으로 업무를 수행토록 하는 것이 중요합니다.'라는 내용이었습니다. 단순한 내용이지만 사용자와 사업자[개발자] 간 생각의 차이를 보여주는 내용입니다. 해당 프로세스의 업무상 리스크나 중요도에 대한 내용을 고려하지 않고 단순히 프로세스의 종결만을 고민하게 된다면 해당 프로세스에서 발생할 수 있는 여러 가지 문제 상황에 대한 인식이 현저히 떨어질 수밖에 없습니다. 그렇기 때문에 개발자가 프로세스 리스크에 대하여 인지할 수 있도록 사용자와 충분히 소통하게 만드는 것이 중요합니다.

프로젝트 수행 시에 여러가지 측면에서 사용자와 업체, 벤더 간의 의견 차이가 있을 수 있습니다. RPA 특성에 기반하여 고려해야 할 로봇 활용률, 프로세스 품질, RPA 아키텍처, 전략적 활용에 대하여 서로의 입장을 정리해 보았습니다.

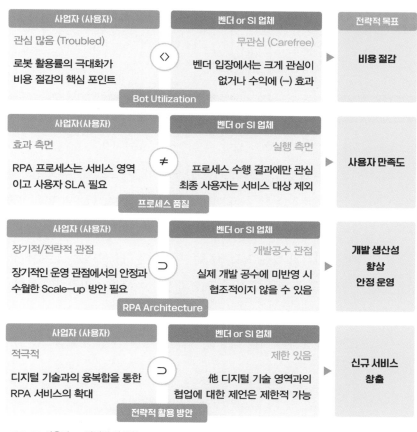

사업자 (사용자)		벤더 or SI 업체	전략적 목표
관심 많음 (Troubled)		무관심 (Carefree)	
로봇 활용률의 극대화가 비용 절감의 핵심 포인트	◇	벤더 입장에서는 크게 관심이 없거나 수익에 (-) 효과	비용 절감
Bot Utilization			

사업자(사용자)		벤더 or SI 업체	
효과 측면		실행 측면	
RPA 프로세스는 서비스 영역 이고 사용자 SLA 필요	≠	프로세스 수행 결과에만 관심 최종 사용자는 서비스 대상 제외	사용자 만족도
프로세스 품질			

사업자 (사용자)		벤더 or SI 업체	
장기적/전략적 관점		개발공수 관점	
장기적인 운영 관점에서의 안정과 수월한 Scale-up 방안 필요	↪	실제 개발 공수에 미반영 시 협조적이지 않을 수 있음	개발 생산성 향상 안정 운영
RPA Architecture			

사업자 (사용자)		벤더 or SI 업체	
적극적		제한 있음	
디지털 기술과의 융복합을 통한 RPA 서비스의 확대	↪	他 디지털 기술 영역과의 협업에 대한 제언은 제한적 가능	신규 서비스 창출
전략적 활용 방안			

그림 2-25 사용자 vs 업체의 차이점

01 로봇 활용률(Bot Utilization)

로봇 활용률은 사용자 관점에서는 비용 효과를 높일 수 있는 방안이지만 서비스 제공자, 특히 벤더의 입장에서는 무조건적으로 지원하기 힘든 부분이 있습니다. 무엇보다 로봇 활용률 측면을 강조하다 보면 도입되는 로봇 수가 감소되고 이에 더하여 로봇 사용률을 높이기 위하여 프로세스의 품질 향상 및 모니터링 고도화 등 해야 할 일들이 많아지는 부분이 있습니다.

로봇 활용을 높이기 위하여 별도로 언급되는 RPA 아키텍처 이외에도 모니터링 시스템 등을 구축하기 위하여 투입되는 인력에 대한 적절한 합의가 필요합니다.

02 프로세스 품질

프로세스의 품질 측면에서 사용자는 해당 프로세스가 효과적으로 수행되는 것에 초점을 맞추게 되고 개발자는 해당 프로세스 개발 단계의 마감에 초점을 두게 됩니다. 프로세스의 품질은 개발 단계에 머무는 것이 아니라 운영 단계에서 더욱더 많은 영향을 미치게 됩니다. 정해진 품질 기준에 맞추기 위해 함께 노력해야 합니다.

합의된 품질 기준에 적합하지 않은 프로세스는 최종적인 사용자 인수 단계에서 정확히 측정될 수 있어야 하고, 요구되는 품질 수준을 만족시킬 때까지 지속적인 보완 작업이 이루어질 수 있도록 합니다.

프로세스 품질 기준에 대해서는 처리 성공률, 단위 처리 시간 등 명확한 기준을 사전에 협의합니다.

03 RPA 아키텍처

RPA 아키텍처의 경우 경험이 없는 RPA 사업자라면 자신만의 방법론의 부재로 즉시 제공이 어려울 수 있습니다. 새로 RPA 아키텍처를 수립하여 나가는 경우에는 이에 필요한 사전적인 기능 정의 및 개발에 필요한 인력 투입이 적절하게 이루어질 수 있도록 관리해야 합니다. 단순히 RPA 프로세스 구현을 위하여 최소한의 인력을 투입하게 된다면 RPA 아키텍쳐에서 요구하는 기능의 구현이 어렵게 됩니다.

RPA를 P.a.a.S^{Platform as a Service}로 제공하기 위해서는 프로젝트 추진 시 인프라 사전 점검부터, 도입, 운영, 전략적 활용 전 단계에 이르는 고민이 함께 진행되어야 합니다.

이외에도 야간 및 휴일 운영과 같은 정교성의 요구, 리스크의 평가 및 관리를 위한 협의 등 사용자만이 고민할 수 있고, 또 사용자의 고민을 해결하기 위하여 많은 노력을 기울여야 하는 내용들은 업체나 벤더와의 공감대 형성을 위하여 명시적인 요건 정의가 필요한 사항입니다.

04 전략적 활용 방안

RPA 소프트웨어와 다양한 디지털 기술과의 결합에 따른 새로운 서비스의 출시는 사용자 입장에서 매우 중요한 전략 과제입니다. 하지만 RPA 고유의 전문 영역이 있는 SI 사업자 입장에서는 해당 회사에서 취급하고 있지 않는 디지털 기술을 융합하여 새로운 서비스를 만드는 전략을 제시한다는 것이 다소 무리가 되고 효과적으로 수행하기도 어렵습니다.

RPA 사업 초기에 함께 추진해야 하는 디지털 신기술이 있는 경우 적합한 역량을 가진 업체가 프로젝트의 일원으로 참여할 수 있도록 하고 프로젝트 기획 단계에서 각자의 명확한 업무 수행 범위를 정하도록 합니다.

RPA 서비스의 전략적 활용에 대한 부분은 사용자가 주도적으로 진행하되 업체와 지속적으로 의견을 교환하며 좀 더 발전된 형태의 서비스가 제공될 수 있도록 합니다.

결론적으로 위 4가지 내용은 프로젝트 기획 단계부터 명확히 요건을 정의하고 업체와의 합의점을 도출한 상태에서 프로젝트를 추진합니다. 만약 이러한 작업을 소홀히 하게 된다면 최종적인 프로젝트 성과는 목표하였던 수준에서 많이 뒤처질 수밖에 없습니다.

원하던 목표에 도달하지 못하는 문제가 발생하는 것을 미연에 방지하기 위하여 업체와 사용자는 서로의 입장을 이해하고 명확한 합의를 통해 프로젝트 수행 계획을 수립해야 합니다. 서로 간의 전략적인 협력관계 구축은 사용자 입장에서는 안정적 운영과 혁신 서비스 창출 기회의 확대가 되고 업체 입장에서는 부가가치 창출과 더불어 장기적인 사업 파트너의 확보라는 성과를 기대할 수 있습니다.

사후 과잉 확신 편향(Hindsight bias)과 사용자 요구 사항

우린 기억이 가능한 일을 꾸며 가면서 '언제나 이미 아는 것'처럼 으스대는 현상을 심리학에서는 사후 과잉 확신 편향Hindsight bias이라고 합니다. '그것 봐. 내가 전에 얘기했잖아. 이렇게 될 줄 알았어!'라는 자신에 대한 과대평가라고 할 수 있고 우리 모두가 정도의 차이는 있지만 자주 빠지는 현상입니다.

프로젝트 추진 중에 사용자로서 많은 요구 사항을 전달했습니다. 사용자에게는 꼭 필요한 사항이지만 사업자 입장에서는 비용과 시간의 문제로 선뜻 받아들이기 쉽지 않고 사용자와 달리 운영이 프로젝트 진행 단계에서는 심각한 고려 사항에 포함되지 않기에 업체 측에서는 미처 생각하지 못할 수도 있습니다.

사용자별 메시지 구분, 사용자용 모니터링 시스템 구성, 로봇 활용률 향상, 어텐디드 로봇 활용 방안, RPA 아키텍처, 운영 모델 고도화 등 수많은 요구 사항을 제안하였지만, 선뜻 받아들여지지 않았기에 설득과 독려를 통하여 실제로 적용까지는 많은 시간이 걸리기도 하고 아직도 진행하는 내용들도 있습니다.

몇 년의 시간이 지나고 보니 예전에 요구했던 내용 중 많은 부분이 현재 시점에서 RPA 업계에서 일반화되어 사용되고 있기에 점점 사후 과잉 확신 편향에 사로잡히는 필자의 모습에 걱정도 되지만 사용자의 효익에 따라 RPA 소프트웨어와 둘러싼 환경이 발전하고 있다고 생각합니다.

또 다른 사후 과잉 확신 편향은 RPA와 같이 새로운 소프트웨어로서 체계적인 방법론이 확립되지 않은 분야에서는 다양한 활용법을 찾고 좀 더 유용한 방식으로 활용하기 위하여 보다 적극적이고 혁신을 지향하는 사용자의 역할이 중요하다고 믿는 부분입니다.

여러분도 사용자의 입장에서 가장 멋있는 RPA 활용 사례를 만들어 보는 것이 좋겠습니다. 그것이 곧 최고의 RPA 활용 방안이라 생각합니다.

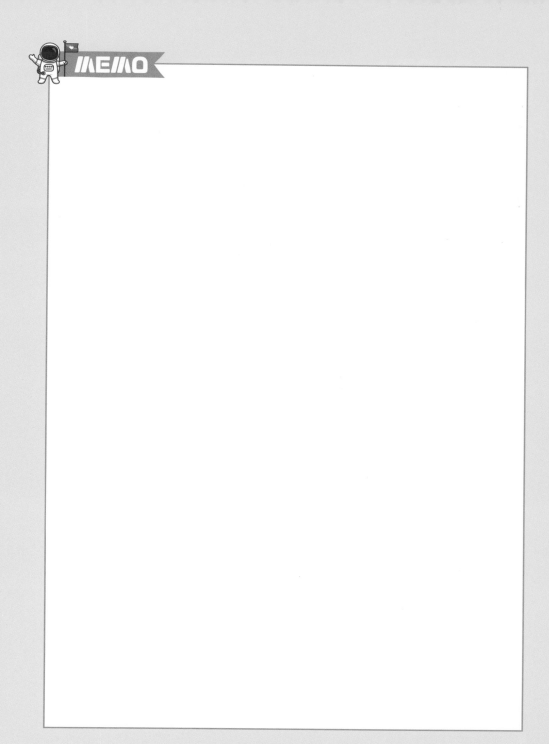

RPA 운영 모델

RPA 도입 프로젝트가 종료된 이후에는 RPA 시스템의 운영 단계에 접어들게 됩니다. 이때 가장 중요한 것은 안정적으로 RPA 시스템을 운영하는 것입니다. 그렇다면 어떠한 RPA 운영 모델을 이용하여 소기의 운영 목표를 달성할 수 있는지 살펴보겠습니다. 운영 모델은 크게 운영 모니터링, 유지 보수, 변화 관리, 장애 대응으로 나누어 볼 수 있습니다. RPA 운영 모델이 안정적으로 운영되는지 확인하는 측정지표로 사용할 수 있는 것이 RPA 로봇 활용률입니다.

01 RPA 시스템 모니터링

운영 규모가 커질수록 체계적인 모니터링 기능은 필수적인 사항이고, 여기에 대한 투자는 안정 운영으로 돌아옵니다.

RPA 운영 시스템 모니터링을 통한 RPA의 안정적 운영은 사용자의 만족도 향상과 직결되어 있습니다. RPA 운영 시스템을 모니터링하는 것은 부수적으로 발생하는 업무로서 그 부담을 최소화하고 효과적으로 수행할 수 있도록 설계되어야 합니다.

PART 02에서 살펴본 바와 같이 모니터링은 운영 단계에서 수행되는 요소이지만 최초 도입 단계에서부터 생각해두는 것이 좋습니다. RPA 프로세스 품질이 나쁠수록 운영의 부담이 커지기 때문에 모니터링에 대해서 프로젝트 추진 단계에서부터 미리 고민해봐야 합니다.

RPA 시스템의 모니터링은 다음의 두 가지로 나눌 수 있습니다.

- 선제적 모니터링 : 장애 예방 측면
  - RPA 시스템 내 하드웨어와 소프트웨어 모니터링 및 프로세스 모니터링
  - 프로세스별 로봇 PC 모니터링

- 후행적 모니터링 : 품질 관리 측면
  - RPA 운영 모델 고도화를 위한 분석
  - RPA 프로세스의 업무 처리량 분석
  - RPA 프로세스 품질 관리를 위한 작업 이력 분석

사용자는 안정적인 서비스를 제공받으려는 요구 사항이 있고, 해당 요구 사항을 만족시키기 위하여는 RPA 시스템의 선제적인 모니터링이 필요합니다. 많은 RPA 소프트웨어

132 • PART 3 RPA 운영 모델

에서 해당 시스템의 운영 상황을 보여주는 기본적인 대시보드 기능을 제공하고 있습니다.

[그림 3-1]과 [그림 3-2]와 같이 블루프리즘과 오토메이션 애니웨어는 운영 현황을 보여주는 컨트롤 룸이라고 불리는 대시보드를 제공하고 있습니다. 해당 화면에서 기본으로 제공하는 RPA 로봇 연결 현황, 업무 처리 현황, 작업 스케줄 상태 확인 등 주요한 내용을 확인할 수 있습니다.

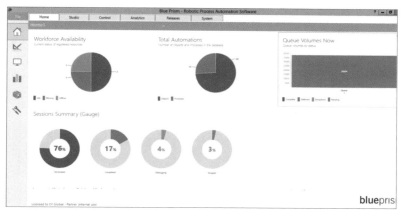

그림 3-1 블루프리즘 컨트롤 룸 이미지

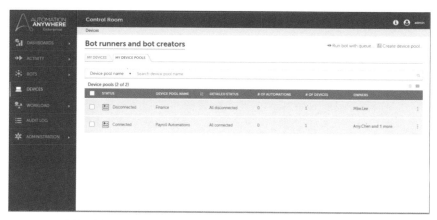

그림 3-2 오토메이션 애니웨어 컨트롤 룸 이미지

하지만 중간 규모 이상의 RPA 사용자인 경우에는 RPA 소프트웨어의 기본적인 모니터링 기능만으로는 확인할 수 있는 정보가 많이 부족하다고 느끼게 될 것입니다.

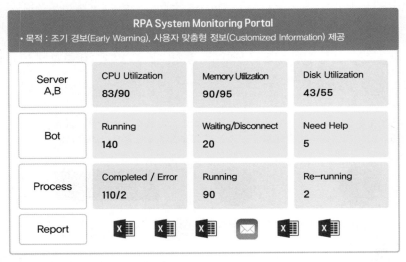

그림 3-3 RPA 통합 모니터링 시스템(예시)

사용자의 운영 편의성 차원에서 최근에 많이 접하게 되는 것이 사용자 대시보드, 좀 더 포괄적인 의미의 RPA 통합 모니터링 시스템의 등장입니다. RPA 통합 모니터링 시스템은 RPA 시스템 운영 프로세스가 정상적으로 작동하는지 확인하고 장애 발생 징후를 사전에 감지하여 예방하는 활동을 수행하는 데 도움을 줄 수 있도록 구성하는 것이 중요합니다.

그렇다면 장애 위험을 어떻게 사전에 감지할 수 있을까요? 또, 장애가 발생하지 않도록 수행하는 사전적인 예방 활동에는 어떤 것들이 있는지 알아보겠습니다. 모니터링 대상은 RPA 서버, 로봇, 프로세스 운영 현황으로 나누어 볼 수 있습니다.

RPA 운영 서버에서 장애가 발생하는 부분은 영향도가 가장 지대하고 사용자의 대응에 한계가 있습니다. 그렇기에 장애 상황이 발생하지 않도록 면밀한 모니터링을 실시합니다.

모니터링 대상	운영 서버	로봇 PC	프로세스
점검 항목	• CPU 사용률 • 메모리 사용률 • 네트워크 트래픽 • RPA 운영 로그	• 정상 가동 여부 • 에러 발생 유형 • 에러 발생 빈도	• 정상 여부 • 프로세스의 지연 여부 • 비즈니스 오류
Tool	• 시스템 모니터링 SW • Health Check 스크립트	• 기본 대시보드 • 사용자 대시보드 • 시스템 모니터링 SW	• 기본 대시보드 • 사용자 대시보드

표 3-1 RPA 시스템 모니터링 항목

❶ 운영 서버 모니터링

대기업의 경우에는 주요 시스템인 운영 서버를 모니터링하기 위한 별도의 소프트웨어가 설치되어 있고, 상시적으로 모니터링하고 있는 경우가 대부분입니다. 이런 기반 환경을 잘 활용하여 운영하는 RPA 소프트웨어의 특성에 따라 임계치를 설정하고, 해당 임계치에 넘어서는 경우에는 RPA 관리자에게 즉시 통지하여 장애가 발생하지 않도록 대처할 시간을 확보하는 것이 필요합니다. 이러한 시스템 관련 임계치는 보통 CPU나 메모리 사용률, 저장공간의 여유분 등 시스템 용량과 밀접한 관련이 있기에 하드웨어 도입 시점에 적정한 시스템 용량을 확보하도록 하고, 운영 중에는 자원의 과부족에 관한 정기적인 모니터링 및 평가를 통하여 최적의 운용 상태가 유지되도록 합니다.

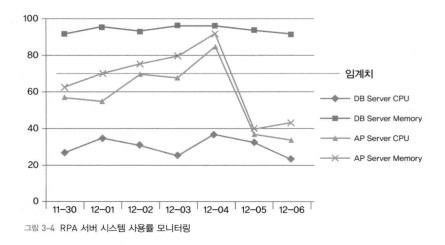

임계치

DB Server CPU
DB Server Memory
AP Server CPU
AP Server Memory

그림 3-4 RPA 서버 시스템 사용률 모니터링

시스템 부분과는 별도로 RPA 운영 로그상에서 발생하는 이상 상황은 쉽게 예측하기 어렵고, 또 경우의 수가 많기 때문에 완벽히 예방하기는 어렵습니다. 하지만 주요 로그에 대한 모니터링 수단 및 절차는 수립하는 것이 좋습니다.

예를 들면, 주요 RPA 시스템 로그의 이상 징후에 대한 타입별 정의 및 해당 이상 상황이 발생하는지를 확인할 수 있는 Health Check 보고서를 작성하는 것입니다.

이 부분까지 RPA 통합 모니터링 시스템에 포함해야 하는 것인가는 선택의 문제입니다. 가장 좋은 것은 종합적인 뷰를 제공하는 것이지만 서버에서 RPA 로봇까지 함께 모니터링할 수 있도록 하는 것은 각 사의 사정에 맞추어 고려할 사항입니다.

② 로봇 PC & 프로세스 모니터링

다음으로는 RPA 로봇의 정상 운영 여부와 프로세스가 정상적으로 수행되는지를 확인하는 방법을 살펴보겠습니다. RPA 로봇이 물리적인 PC로 되어있건 아니건 간에 해당 RPA 로봇이 정상적으로 작동되고 있는지 아니면 오류가 계속 발생하고 있는지 확인하는 작업은 효과적으로 이루어져야 합니다.

로봇 상태	설명	조치 및 확인 사항
정상 수행	• 업무를 정상적으로 수행	✓ 로봇 PC의 이상 정지(System Hang) 상태와 구분 필요
비정상 수행	• 업무 수행 중 오류가 발생하고 있는 상태	✓ 정상 상태로 전환을 위한 즉시 조치 필요
정상 대기	• RPA 서버에 정상적으로 접속되어 있고 업무 지시를 대기하고 있는 상태	✓ 장기간 작업 대기 발생 않도록 관리
비정상 대기	• 장애 발생 후 멈추어 있는 상태 • 장애 발생 후 업무를 처리하지 않고 있는 상태	✓ 정상 상태로 전환을 위한 즉시 작업 필요 여부 확인 ✓ 작업의 할당 지연 여부 확인
미접속	• RPA 서버에 접속이 되어 있지 않은 상태	✓ 예정되어 있지 않은 경우에는 접속 작업이 필요

표 3-2 RPA 로봇의 상태

RPA 시스템에서 표시되는 RPA 로봇의 상태는 [표 3-2]와 같이 다섯 가지 정도로 구분할 수 있는데, 이 중에서 업무가 정상적으로 수행되는지를 확인하기 어려운 것은 정상수행과 정상 대기 상태에서 발생합니다.

먼저 정상 수행에서 고민해야 하는 사항은 실제적으로 작업이 이상 상태로 지속적인 작업 오류를 발생시키면서 수행이 되는 경우입니다. 프로세스에서 순간적인 화면인식 장애 사항이나, 오류에 대한 재시도를 진행하는 경우에 프로세스 처리의 오류로 인하여 작업이 끝나지 않고 계속 진행되는 경우가 발생할 수 있습니다. 다른 하나의 경우는 RPA 로봇이 비정상으로 멈춘 경우에도 RPA 서버에서 해당 상황을 인지하지 못하고 해당 RPA 로봇의 상태를 정상으로 인식하는 경우가 있습니다. 이러한 경우를 모니터링하기 위해서는 RPA 로봇이 처리하고 있는 작업의 진행 단계를 확인할 수 있어야 하는데 실질적으로 확인이 어려운 경우가 대다수입니다.

그렇다면 이런 장애 상황은 어떻게 처리할 수 있을까요? 일반적으로 생각할 수 있는 것은 RPA 서버에서 관리하고 있는 작업의 진척도를 기준으로 해당 RPA 로봇의 비정상 상태를 유추할 수 있습니다.

해당 작업의 평균적인 단위 처리 시간을 측정하여 해당 시간이 지난 경우에 작업이 있는 상태에서 진척도가 없는 경우 해당 RPA 로봇에 대한 조치가 이루어 질 수 있도록 하는 것입니다.

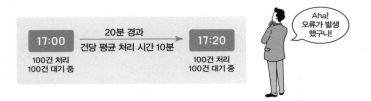

다음으로 곤란한 상황은 정상 대기로 표시되는 로봇의 상태입니다. 정상적인 대기로 표기되지만 실제로는 바쁜 대기 상태Busy Waiting인 경우가 있습니다. 이러한 경우는 프로세스의 진전을 위하여 어떠한 값을 충족하는 것을 조건으로 둔 경우 발생하는 경우가 많습니다. 실제적으로 RPA 로봇은 작업을 수행하지 못하고 있지만 모니터링 시스템에서는 마찬가지로 정상적인 대기 상태로 표시되는 경우가 있습니다.

업무가 수행되지 않는 비정상 대기의 경우에도 조치 방법은 이상 상황이 발생한 상태에서 정상대기로 분류되는 상기의 경우와 유사한 대응으로 조치할 수 있습니다.

그렇다면 좀 더 명백하게 위의 상황을 구분할 수 있는 방법은 없을까요? 왜 이런 상황이 발생하게 되는 것일까요? 이는 프로세스의 실행이 RPA 로봇에서 일어나고 있지만 그 상태를 RPA 서버에서 100% 인지할 수 없는 구조에서 출발하고 있습니다. 한마디로 머리와 손발이 따로 놀 수 있다는 것이 이러한 상황을 만들어 내고 있습니다.

좀 더 명백한 대안이 나오기 전에는 좀 더 체계적인 모니터링으로 다운타임을 최소화할 수 있도록 해야겠습니다.

소소한 Tip⚡ **로봇의 alive check**

사용했던 두 가지 외산 소프트웨어의 경우 로봇의 상태 체크가 가장 어려운 부분이었습니다. 특히나 숨어 있는 상태가 되는 1. 로봇의 Hang되는 경우 2. 작업이 지속적으로 오류 수행되는 경우 3. 대기 상태인데 세션이 유지되는 경우가 가장 힘든 케이스입니다. 전문가 포럼에서도 많이 다루어졌지만 결론적으로는 100% 이러한 상태를 찾아낼 수 없다는 결론이었습니다. 사용자 모니터링 시스템을 활용하여 운영 노하우 측면에서 오류 시간을 최소화하는 것이 차선책입니다.

02 품질 관리

프로세스의 품질 관리는 사용자의 만족도에 직결되는 업무입니다. 먼저 사용자에게 RPA 운영 결과가 100% 완벽한 처리를 보장하지 못한다는 점을 사전에 인식시키도록 합니다. 하지만 운영자로서 사용자가 RPA의 부족함을 용인하더라도 RPA 운영자는 철저히 최종 사용자의 입장에서 운영 품질이 100%에 근접할 수 있도록 관리합니다.

처리 성공률을 100%로 끌어올리기 위하여 필수적인 기능인 프로세스 재처리에 대한 부분은 책의 다른 부분에서 다루도록 하고 여기에서는 품질 관리의 핵심 3요소와 관리 방안에 대하여 논의하겠습니다.

품질 관리 지표	처리 성공률	처리 시간	장애 유형
KPI	처리 성공률 제고	처리 시간 단축	장애 발생 유형
측정 방식	처리 성공률 = 처리 성공 건수 (성공 건수 + 비즈니스 오류 건수)/ 작업 요청 건수	제한 시간 = Max(사람이 처리하는 시간, (사람이 처리하는 시간 * 허용 비율))	시스템 Exception 비즈니스 Exception
권장 수준	95% 이상	1.3배 미만	5% 이내

표 3-3 품질 관리 지표

❶ 처리 성공률

처리 성공률은 사용자가 RPA 사용 효과 및 만족도를 측정하는 관점에서 가장 관심이 큰 부분입니다. 일반적인 RPA 프로젝트에서의 프로세스별 처리 성공률은 80% 중반 정도를 달성한다고 합니다. 성공률을 얼마만큼 높이느냐가 사용자의 만족도를 좌우하게 됩니다. 당연히 낮은 성공률을 목표로 사업을 추진하는 회사는 없을 것입니다. 하지만 원하는 목표 달성을 위하여 세밀한 프로젝트 관리나 체계적인 모니터링에 대한 고민이 없다면 높은 수준의 작업 성공률 달성은 쉽지 않은 과제입니다.

그렇다면 어느 정도의 성공률까지를 목표로 해야 하는지에 대한 부분인데 절대적인 기준은 없지만 고가용성의 시스템을 운영하기 위하여는 최소 95% 이상의 처리 성공률은 충족되어야 한다고 생각합니다.

처리 성공률을 높이기 위해서는 프로젝트 분석 및 설계 단계에서부터 많은 준비와 노력이 필요합니다. 처리 성공률 달성 목표를 정하여 프로젝트를 완수하고 운영 품질이 해당 목표에 부합되는지에 대하여 지속적으로 모니터링해야 합니다.

> 처리 성공률은 운영 단계가 아니라 분석 설계 단계에서 목표 달성 방안을
> 수립할 수 있도록 필수 요소로 관리되어야 합니다.

처리 성공률의 저하는 운영 시스템의 변경, 외부 환경의 변화에서 오기도 하지만 결정적으로 RPA 프로세스 품질의 영향을 받습니다. 그렇기에 개발 과정에서 품질에 대한 수준 합의 예를 들어 해당 회사의 품질기준은 처리 성공률 99 % 이상을 목표로 함 및 달성 방안을 개발자나 SI 사업자와 협의하여 진행하는 것이 바람직합니다. 사용자 인수 테스트 User Acceptance Test 에 상호 합의된 처리 성공률 항목을 추가하는 것이 좋습니다.

처리 성공률에서 주요한 것은 판단 기준에 대한 사용자와 SI 사업자 간의 사전 합의입니다. 개발을 담당하는 측과 운영을 담당하는 측에서는 성공률에 대한 이견이 있을 수 있습니다. 프로젝트 초기 단계에서 협의를 마치도록 합니다.

이 책에서 정의하는 처리 성공률은 다음과 같습니다.

$$처리\ 성공률 = \frac{처리\ 성공\ 건수(재처리\ 성공\ 포함) + 비즈니스\ 오류\ 건수}{최초\ 처리\ 요청\ 건수} \times 100$$

그림 3-5 RPA 처리 성공률 산출 산식

최초 처리 요청 건수는 업무를 운영하는 부서에서 최초에 목적했던 업무 처리 건수[묶음]입니다. 예를 들어, 100건의 상품 운송장 발송을 의뢰했다면 최초 처리 요청 건수는 100건이 되고 처리 성공률 산식에서 사용자의 요구 사항의 기준이 되는 숫자입니다. 그리고 처리 성공 건수와의 비율을 측정하는 데 있어 특이한 점은 재처리 성공 건수를 포함하고 비즈니스 오류 건수를 더하는 것입니다. 재처리 성공 건수를 더하는 이유는 재처리는 RPA 운영에 있어 부담이 되지만 RPA 서비스를 제공받는 입장에서는 처리가 완료된 경우에 포함되기 때문입니다.

Report for Job A

프로세스	요청 건수	완료	비즈니스 오류	시스템 오류	재작업
Job A	100	90	5	5	10

$$처리\ 성공률\ (95\%) = \frac{처리\ 성공\ 건수(90) + 비즈니스\ 오류\ 건수(5)}{최초\ 처리\ 요청\ 건수(100)} \times 100$$

그림 3-6 RPA 처리 성공률 계산(예시)

비즈니스 오류 건은 업무를 지시하는 측의 업무 지시 오류로 인하여 RPA가 수행할 수 없는 상태로 지시가 된 것을 의미합니다. 상품 운송장 발송 업무에서 사용자의 실수로 잘못된 주소 형태가 입력된 파일이 RPA에게 전달되는 경우 RPA 작업 수행 시 오류가 발생하게 됩니다. 이러한 오류를 미리 정리된 절차에 따라 장애 상황이 유발되지 않도록 예외 처리를 했다면, RPA는 본연의 역할을 수행한 것으로 진단할 수 있기에 정상 처리 건수에 포함하게 됩니다. 이와는 별도로 비즈니스 오류를 신속하게 사용자에게 통지하고 오류 발생을 미연에 방지할 수 있는 방안을 수립해야 합니다. 처리 성공률 관리는 프로세스 품질 관리의 첫걸음이라고 하겠습니다. RPA 시스템을 운영하고 있다면 처리 성공률에 대한 관심을 두는 것이 당연하다고 생각합니다.

소소한 Tip⚡ 두 개의 처리 성공률

사내에서 많은 프로세스를 사용하게 되면 대상 시스템의 특성에 의하여 처리 성공률이 낮게 나오는 경우가 종종 있습니다. 이렇게 오류가 많이 발생하는 프로세스는 재수행을 통하여 성공률을 높이는 것이 필요합니다. 그렇다면 최종 성공률만 관리하면 되는 것일까요? 실제적으로 최종 처리 성공률도 중요하지만 프로세스의 개선 측면에서는 1차적인 처리 성공률의 관리가 필요합니다. 실질적으로 RPA 프로세스가 아닌 대상 시스템에서 오류가 발생하는 경우 시스템의 문제점 개선을 위한 근본적인 대응을 위해서는 원인 분석 작업 수행이 필요합니다.

❷ 단위 처리 시간

처리 성공률과 함께 품질을 측정하는 또 다른 중요한 요소가 되는 것이 단위 처리 시간입니다. 단위 프로세스를 수행하는 시간을 측정하는 데 있어 사람이 수행하는 시간을 기준으로 하여 지연 최대 허용치를 설정합니다. 물론 사람이 수행하는 속도보다 RPA가 처리하는 속도가 현저히 빠른 업무도 있지만 RPA가 사용자 인터페이스에 기반하다 보니, 흐름 제어를 위하여 대기하는 시간이 추가되면서 사람이 수행하는 것보다 지연되는 경우가 종종 발생합니다. 이때 어느 정도까지 지연을 허용하느냐는 부분도 기획 단계에서 감안하고 관리되도록 해야 합니다.

> 때때로 사람이 작업하는 것에 대비하여 RPA가 작업을 수행하는 것이 매우
> 비효율적인 경우가 생길 수 있습니다. 사전 업무 요건 정의 시 단위 처리 산정 오류로
> RPA 로봇이 부족한 낭패를 당하지 않도록 주의해야 합니다.

예를 들어, '사람이 해당 업무의 가장 기본적인 단위 부분을 수행하는 데 1분이 걸린다고 한다면, RPA가 해당 업무 수행 시에 1분 20초까지 허용하도록 한다'라는 형태의 상호 합의가 필요합니다. 당연히 합의 대상은 프로세스를 작성하게 되는 개발자가 됩니다.

Report for Processes

프로세스	요청 건수	총처리 시간	성공 시간/건	오류 시간/건	작업자 처리
Job A	100	90분	1분	30초	1분
Job B	100	120분	1분 10초	50초	1분
Job C	100	200분	2분	1분	1분

그림 3-7 RPA 프로세스 단위 처리 시간 모니터링

[그림 3-7]에서 사람이 처리하는 시간이 동일한 3개의 프로세스가 구현하는 프로세스의 품질에 따라 단위 처리 시간이 달라지게 됩니다. Job C의 경우 사람이 처리하는 것보다 2배 이상의 단위 처리 시간이 소요되서 품질 개선의 대상으로 확인이 필요합니다.

RPA 프로세스 개발자는 오류 발생을 줄이기 위해 필요치 보다 많은 대기 시간을 가지고자 하는 경향이 있습니다. 만약에 수행 시간 목표치를 사전에 개발자에게 주지시키지 않는다면 품질상 엄청난 간극이 발생하게 됩니다. 이러한 간극을 좁히기 위해서는 공통 템플릿공통 부분 처리의 정교화, 각 시스템별 표준 대기 시간 지정 등의 절차를 통하여 처리 시간을 최소화하는 노력이 필요합니다. 덧붙여 최초 개발 시에 느리게 처리할 때는 문제가 없었는데 운영 단계에 접어들어 빠른 속도로 처리하려고 하니 오류가 발생하는 상황이 종종 있습니다.

개발자가 운영 효율을 고려하지 않고 지나치게 지연처리 기능을 사용한 것을 인수 테스트 시점에 발견하여 다시 수정하게 된다면 프로젝트 추진에 많은 어려움이 따르고 심한 경우에는 해당 프로세스를 대폭 수정하거나 다시 작성해야 하는 경우가 발생할 수 있습니다. 이러한 문제가 발생하지 않도록 개발 담당자와의 사전적인 교감이 필요합니다. 품질 관리 수준을 사전 측정된 단위 처리 시간 대비하여 지연이 허용하는 범위 값을 사전에 공유하고 관리해야 합니다. 여기에 추가적으로 사람이 업무 처리하는 방식에서 RPA 로봇의 업무 처리 방식으로 전환 시 변경에 따른 업무 시간의 차이도 감안해야 합니다.

❸ 장애 유형 관리

마지막으로 시스템의 장애 발생 유형의 관리도 필요합니다. 장애 발생 유형을 크게 나눠 보면 시스템 Exception과 비즈니스 Exception으로 나누어 볼 수 있습니다.

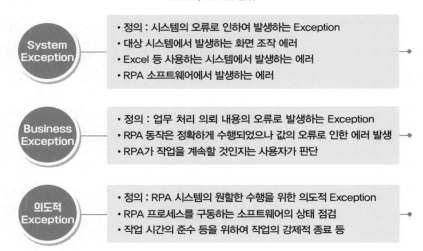

Exception의 종류

System Exception
- 정의 : 시스템의 오류로 인하여 발생하는 Exception
- 대상 시스템에서 발생하는 화면 조작 에러
- Excel 등 사용하는 시스템에서 발생하는 에러
- RPA 소프트웨어에서 발생하는 에러

Business Exception
- 정의 : 업무 처리 의뢰 내용의 오류로 발생하는 Exception
- RPA 동작은 정확하게 수행되었으나 값의 오류로 인한 에러 발생
- RPA가 작업을 계속할 것인지는 사용자가 판단

의도적 Exception
- 정의 : RPA 시스템의 원활한 수행을 위한 의도적 Exception
- RPA 프로세스를 구동하는 소프트웨어의 상태 점검
- 작업 시간의 준수 등을 위하여 작업의 강제적 종료 등

그림 3-8 RPA Exception 분류

비즈니스 Exception은 사용자가 작업 지시를 오류로 한 경우에 발생하게 되는데, 이를 최소화하기 위해서는 작업 의뢰 시 내용의 정당성을 점검할 수 있는 방안을 수립합니다. 예를 들어, 작업 의뢰 Excel 파일 작업 시 정규직 표현 등의 사용으로 날짜 항목에 금액이 입력되는 것을 방지합니다. 작업 의뢰 시점에서 즉각적인 피드백을 제공하면 사용자의 오류를 점차 줄여나갈 수 있고, 또한 사용자의 불필요한 대기 시간도 단축시킬 수 있습니다.

다음으로는 시스템 Exception에 대한 정의입니다. 시스템 Exception은 RPA 처리 대상 시스템의 일시적인 불안정, 처리 프로세스의 낮은 품질, RPA 로봇 환경 자원 제약, 외부 시스템 장애 등으로 발생하게 되는데, 품질 관리에서 중점적으로 관리해야 하는 대상입니다. 시스템 Exception을 유형별로 살펴보면 해당 시스템의 처리 대상 항목을 인식하지 못하는 오류 유형이 가장 많이 발생하고 있고, 뒤를 이어 대기 시간 초과 유형의 오류가 많이 발생하고 있습니다.

시스템 Exception의 경우에는 오류 발생 유형을 정리하고 지속적으로 개선해나가며 운영의 편의성 및 프로세스 품질의 향상을 도모합니다.

마지막으로, 시스템 Exception의 예외적인 종류로써 의도적 Exception을 거론할 수 있습니다. 의도적 Exception이란 프로세스 처리 중에 오류가 발생하지 않았지만 향후 처리에서 예상되는 문제점을 예방하기 위하여 의도적으로 발생시키는 Exception입니다. 의도적 Exception의 경우 실제적인 처리 내용이나 오류 건수에는 포함되지 않도록 합니다. 오류 발생을 미연에 예방할 수 있도록 하는 역할을 수행하기 때문입니다.

❹ 다양한 운영 노하우의 활용

RPA는 단순 반복 작업을 지속적으로 수행하는 특징이 있습니다. 여기에서 단순 반복이라는 것은 특정 시스템을 짧은 시간 내에 매우 많이 사용하는 것을 의미합니다. 업무 운영 시 별다른 시스템의 오류 없이 이상 상황이 발생하여 RPA 로봇이 중단되는 현상을 겪는 경우가 있습니다.

이러한 경우는 일반적으로 메모리 문제에 기인한 것으로 판단되는데 해당 상황에 대하여 근본적인 조치를 취하는 것이 매우 어려운 것이 사실입니다. 해당 상황을 해결하기 위한 차선책Workaround으로서 의도적인 Exception을 발생시키는 경우가 있습니다.

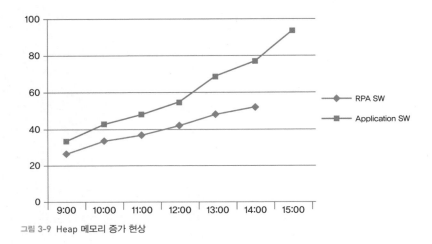
그림 3-9 Heap 메모리 증가 현상

자주 발생하는 문제로 Heap 메모리 부족에 의하여 시스템이 정상적으로 작동하지 않는 경우입니다. 장애 발생을 예방하기 위하여 사전에 Heap 메모리의 사용 한계값을 정하고 프로세스 작동 시 매 건 처리 이후에 해당 로봇 PC의 Heap 메모리 사용량을 모니터링하면서 해당 임계점에 도달하는 경우에는 사용 중인 특정 시스템을 종료하고 다시 시작하는 것으로서 좀 더 편안하고 안정적인 시스템 운영을 도모할 수 있습니다.

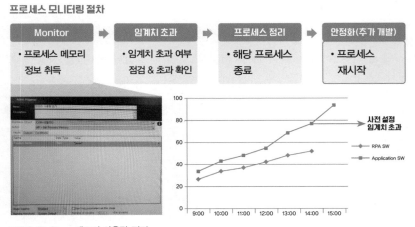
그림 3-10 Heap 메모리 사용량 점검

사내 커뮤니케이션 채널 확보

RPA 담당 부서와 시스템 지원 부서 간의 원활한 소통은 RPA 업무에서 뜻하지 않는 장애를 최소화할 수 있는 요소입니다.

안정적인 운영을 위해서는 효과적인 조직 내 협업이 필요합니다. 개별적인 부서 단위로 RPA 로봇의 환경을 관리하든, 전사적인 회사정책에 기반하여 로봇을 관리하든 간에 RPA 시스템 운영에 직접적인 영향을 미치게 되는 요소들을 관리하고 통제할 수 있어야 합니다.

RPA 운영에 영향을 미치는 항목들은 다음과 같습니다.

- RPA 소프트웨어의 버전 업그레이드, 소프트웨어 패치 적용
- 윈도우 시스템의 버전 업그레이드
- 윈도우 시스템의 보안정책 업데이트
- 사내 보안정책의 변경
- 사내 도입되는 PC의 기종 변경

위 내용을 담당하는 사내 부서들과의 긴밀한 협업을 통하여 계획되지 않은 운영환경의 변화에 따라 예기치 않은 장애가 발생하지 않도록 관리합니다. 만약 이러한 사내정책의 반영 시기를 사전에 인지하고 조율할 수 있다면, 효과적인 변화 관리가 가능합니다. 변경된 사항을 일시에 모든 RPA 로봇에 적용하는 것보다는 일정한 범위 내에 순차적으로 적용해 나가는 것이 장애 발생 시의 파급 영향도를 최소화할 수 있기 때문입니다. 하나의 예로써 특정 프로세스가 다수의 로봇을 사용하고 있다면 시범적으로 변경 내용을 적용할 RPA 로봇을 정하여 작업을 진행합니다.

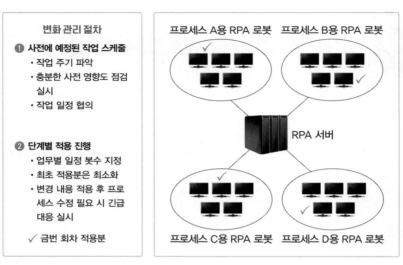

변화 관리 절차

❶ 사전에 예정된 작업 스케줄
  • 작업 주기 파악
  • 충분한 사전 영향도 점검
    실시
  • 작업 일정 협의

❷ 단계별 적용 진행
  • 업무별 일정 봇수 지정
  • 최초 적용분은 최소화
  • 변경 내용 적용 후 프로
    세스 수정 필요 시 긴급
    대응 실시

  ✓ 금번 회차 적용분

프로세스 A용 RPA 로봇   프로세스 B용 RPA 로봇

RPA 서버

프로세스 C용 RPA 로봇   프로세스 D용 RPA 로봇

그림 3-11 RPA 로봇 그룹별 변화 관리

변경 작업의 수행 결과가 예상치 못한 장애로 이어질 수 있는 가능성이 있다면 작업 이
전의 상태로 원상복구가 가능한지도 점검할 필요가 있습니다. 만약 원상복구가 불가능
하다고 판단된다면 조금 더 조심스럽게 접근할 수밖에 없습니다. 결론적으로 가장 좋은
방법은 사전에 계획된 변경 스케줄 대로 단계별 적용을 할 수 있도록 사전에 업무 처리
절차를 사내 부서 간에 공유하고 진행하는 긴밀한 협조 체제 구축이 필요합니다.

Lesson 03 내 · 외부 변화 관리

직접적으로 통제할 수는 없지만 외부 환경 변화에 대한 지속적으로 모니터링하고 즉각적인 대응이 가능하도록 대책 수립이 필요합니다.

RPA의 성공적인 운영을 위해서는 RPA 시스템 자체의 안정적 운영도 중요하지만, 또 다른 주요한 운영 업무 중 하나는 내 · 외부의 변화를 관리하는 것입니다. RPA 운영 담당자는 RPA 서비스 요청자와의 협업 관계를 유지하고 RPA 시스템 외부의 환경 변화에 대한 지속적인 모니터링을 실시토록 합니다. RPA 시스템의 성공적인 운영을 방해하는 요소로는 조직 내부의 인력 및 시스템 측면과 외부 환경 변화가 있습니다. 먼저 내부 위험 요소부터 살펴보겠습니다.

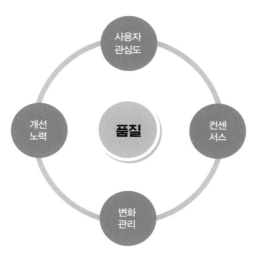

그림 3-12 RPA 프로세스 품질 관리

01 회사 내부 위험 요소

회사의 내부적인 위험 요소로 RPA에 대한 품질 및 관심도의 하락이 가장 큰 요인이라고 할 수 있습니다. RPA 관리 부서에서는 RPA 운영 모델을 수립하고 지속적인 업그레이드 작업과 동시에 환경적인 요소까지도 관리의 영역에 포함해야 합니다.

① RPA 운영 담당자의 무관심

깨진 유리창의 법칙이 가장 적합한 케이스는 운영 담당자의 무관심입니다.
품질 관리가 부족한 경우 사용자의 불만을 야기하게 되고
이로 인한 프로세스의 품질 저하 및 폐기로 운영 상황이 악화될 수 있습니다.

업무 라이프 사이클^{프로세스 변경, 개선, 폐기 등}로 인한 RPA 프로세스의 폐기는 어쩔 수 없지만, RPA 운영 부서와 처리 의뢰 부서 내 RPA 담당자의 무관심에 의한 업무량의 감소는 경계해야 할 항목입니다.

RPA 사용자가 가장 많이 제기하는 불만 사항으로 업무 편의성 부족과 RPA의 품질 저하가 있습니다. 만약 RPA 사용 편의성이 떨어지는 경우 예를 들어, RPA 작업 의뢰가 자동으로 수행되지 않고 사용자가 수동으로 준비해야 한다면 사용자 입장에서 불편함을 호소할 수 있습니다. 이러한 불편 사항을 RPA 운영자가 해결해 주는 노력을 기울이지 않는다면 RPA 사용자가 업무 의뢰를 게을리하게 되어 RPA 업무량이 감소하는 부작용이 발생합니다. 이는 해당 프로세스의 활용도 저하와 이에 따른 프로세스의 지속적 품질 저하로 이어지고 최종적으로는 해당 프로세스의 폐기를 야기하게 됩니다.

이런 상황에서 하나의 프로세스가 폐기되는 것보다 더욱 나쁜 결과는 해당 부서의 RPA 담당자가 RPA 서비스에 대한 불만을 가지게 되고 이로 인하여 해당 부서 내 RPA 서비스에 대한 부정적인 인식 확산과 및 RPA 서비스 참여 확대의 제한으로 연결되는 것이 더욱 큰 문제점이라고 할 수 있습니다.

이런 문제를 예방하기 위하여 RPA 운영 담당자는 효과적인 모니터링을 진행하고 RPA 사용자의 불편 사항에 대해서 수시로 소통하며 업무가 최상의 컨디션에서 수행될 수 있도록 해야 합니다. 업무량에 대한 모니터링을 통하여 이상 징후가 발견되면 즉각적인 대응을 실시합니다.

용어정의 | 깨진 유리창의 법칙[Broken Window Theory]

.. 중략 ..

깨진 유리창 개념은 원래 범죄 현상을 주로 다루던 범죄학자 제임스 윌슨(James Q. Wilson)과 조지 켈링(George L. Kelling)이 1982년에 만든 개념이다.

.. 중략 ..

이처럼 설득력 있는 깨진 유리창 논리는 일반 사회 현상뿐 아니라 기업의 마케팅, 홍보, 고객 서비스, 기업 이미지, 조직 관리 등 여러 비즈니스 분야에 얼마든지 적용할 수 있다.

일반 소비자들이 기업과 상품에 대해 어떻게 인지하고 있는지는 기업 경영 차원에서 매우 중요하다. 우리나라 말 중에 '하나를 보면 열을 안다'는 속담이 있다. 좀 더 학문적인 표현으로는 환원주의(reductionism)라고 부른다. 각 부분에는 전체가 축약돼 있다는 논리. 기업들이 얼핏 보기에는 하찮은 것처럼 보이지만 소비자들은 그러한 세세한 것에서 기업의 전체 이미지를 확대하여 해석해 보게 된다. 그리고 이러한 이미지는 상품 구입에 영향을 미치게 마련이다.

예를 들면, 고객은 식당의 화장실이 더러우면 그 식당의 주방에 들어가 보지는 못했지만 주방 역시 더러울 것이라고 짐작하게 된다.

.. 하략 ..

출처 + 네이버 지식백과

❷ RPA 사용 부서의 변화 요인을 간과한 프로젝트 진행

RPA 업무 부서의 향후 사업 추진 방향성에 대한 검토가 필요합니다. 사내의 운영 시스템 라이프 사이클에 대한 확인이 필요하다는 내용입니다.

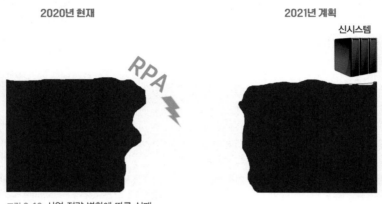

2020년 현재   **2021년 계획**
                                    신시스템

그림 3-13 사업 전략 변화에 따른 실패

새롭게 RPA 업무를 적용하려는 시스템의 주요한 변경이 예정되어 있다면 해당 사안에 대한 정확한 파악을 통하여 RPA 적용 여부를 결정하는 데 보다 신중한 접근을 하도록 합니다.

해당 부서의 RPA 프로세스가 적용된 지 얼마 지나지 않아 새로운 시스템 도입이 진행되어 새로 적용된 RPA 프로세스를 사용할 수 없게 되면 해당 RPA 프로세스를 만들기 위해 투입했던 자원의 대부분을 손실로 처리할 수밖에 없는 상황이 발생하기 때문입니다. 업무를 RPA로 전환토록 의뢰하는 부서와 밀접한 커뮤니케이션을 통하여 주요 시스템 변경 사항을 확인하는 것이 좋습니다.

❸ RPA '기술 중심'의 업무 운영

사내에 처음으로 RPA 도입을 준비하는 회사의 경우 의욕도 넘치고 RPA의 좋은 면에 관심을 집중하게 됩니다. RPA 도입 초기 단계에 있는 기업들이 저지르기 쉬운 오류는 특정 업무의 개선을 위하여 좀 더 효과적인 방법이 있는데도 불구하고 해당 프로세스를 RPA 업무 범위에 포함하는 경우입니다.

업무 개선에 있어 다른 좋은 방법이 있는데도 불구하고 RPA로 작업을 구현한 경우 해당 프로세스가 당초의 사용자 기대치를 만족시키지 못하여 해당 RPA 업무가 금방 사라지게 되는 경우가 발생하게 됩니다. RPA 서비스를 적용하고 나서 얼마 안 되어 사용하지 않게 되면 구성원들은 RPA 서비스의 효과성에 의문을 가지게 되며, 이는 사업 추진에 부정적인 영향을 미치게 됩니다. RPA를 도입한지 얼마 안 된 기업들에서 접하게 되는 사례는 프로세스 품질도 문제가 될 수 있지만 올바르지 못한 프로세스 선정도 큰 몫을 차지하게 됩니다. 이러한 실패를 예방하기 위하여 사전에 RPA 적용 가이드라인을 검토하고 해당 기준에 의거하여 RPA 적용 대상 업무를 보다 객관적인 시각으로 선정하는 것이 바람직합니다.

④ RPA 기대효과 내부 컨센서스 관리 부족

RPA 업무를 사내에 지속적으로 확대하고 또 소기의 성과를 거두기 위해서는 조직 내에서 RPA의 기대효과에 대한 긍정적인 평가가 이루어지고 이를 토대로 호의적인 공감대가 형성되는 것이 무엇보다 중요합니다. 기존에 사내에서 RPA 기대효과에 대한 긍정적 공감대가 형성되어 있더라도 시간이 경과되어 사용 부서의 RPA 담당자가 변경되는 경우 기존의 사용자와 동일하거나, 그 이상의 RPA 운영 필요성을 느끼게 만드는 것이 중요합니다. RPA 기대효과의 내부 컨센서스 관리를 통하여 사용자의 무관심에 의한 업무 비효율성이 발생하는 것을 줄일 수 있을 뿐만 아니라 RPA 관련 직원들의 지속적이고 적극적인 참여로 사내 RPA 업무 확대가 더욱 쉽게 가능하게 됩니다.

사내 RPA 관심도 제고 방안으로써 사용자가 RPA 프로세스의 효과성을 직접적으로 확인하고 판단할 수 있는 근거가 되는 RPA 운용 보고서 등 성과 분석 자료를 제공하면 좋습니다. 보고서 자료는 통합 모니터링 시스템이나 기타 ROI 분석 툴을 활용하여 제공합니다.

⑤ RPA 운영환경 복잡도 통제 불가

RPA 시스템의 규모가 커질수록 관리 노하우의 지속적 레벨-업이 필요합니다.

RPA 운영 규모가 커질수록 규모의 증가 속도보다 빠르게 운영의 복잡성이 증가합니다. 더불어 이전까지 발생하지 않았던 새로운 유형의 장애도 발생하게 됩니다. 복잡한 운영환경과 예측하지 못한 장애를 대처하기 위해서는 운영환경의 세심한 모니터링, 관리 누락 요소의 제거, 숙련된 운영 인력의 양성 등 종합적인 RPA 운영 모델 수립이 필요하게 됩니다.

Check	점검 항목	비고
☐	운영 중인 프로세스의 상세 내용 설명이 포함된 매뉴얼	
☐	장애 시 통지가 필요한 현업 담당자의 명단 및 연락처	
☐	장애 시 프로세스별 장애 처리 절차 및 수행 방안	
☐	즉시 교체나 투입이 가능한 로봇 PC 자원의 확보 여부	
☐	전체 시스템의 구성 및 용량이 표시된 구성도의 비치	
☐	Health Check 수행 방안	
☐	라이선스 유효기일, RPA 로봇 유효 기간 등	

표 3-4 안정 운영을 위한 점검 리스트(RPA 운영 모델)

RPA 운영 관리는 인적인 요소에만 의존하지 않고 시스템 성능 개선과 새로운 기술 적용을 통한 체계적인 RPA 운영 모델의 업그레이드가 진행되도록 합니다.

02 외부 위험 요소

RPA 외부적인 변화 요인은 계속적으로 모니터링하고 신속한 대응이 이루어질 수 있도록 합니다. 통제가 불가능한 요소이고 이에 따른 부담이 크지만 RPA 운영에서는 외부 변화 관리가 필수적인 관리 항목이 될 수밖에 없습니다.

❶ RPA 운영 저해 요인

외부 사이트를 활용하는 경우 RPA 운영을 방해하는 요소를 마주하게 됩니다. 로봇의 반복적인 작업에 따른 간헐적인 접근 차단, 외부 시스템의 용량 부족에 따른 처리 지연, 외부 시스템 운영 시간의 제한, 접근 방지를 위한 캡차 적용 등 RPA 처리에 제약이 가해지는 각종 사안에 대하여 지속적인 모니터링과 대비책이 수립되어야 합니다. 외부적인 요소는 실제적으로 통제의 대상이 될 수는 없으나 차선책 마련 등을 통하여 그 영향도를 최소화할 수 있습니다. 실제 운영 중에 별다른 사유 없이 RPA 프로세스 적용에 따라 단위 시간당 처리할 수 있는 업무량이 증가함에 따라 상대편 사이트의 관리자가 임의로 처리를 제한하는 경우도 발생하고 있습니다. 이러한 부분은 기술적인 해결 사항이 아니고 담당자 간의 의사소통으로 해결될 수 있는 사안입니다.

 용어정의 **캡차**

> 캡차는 사용자가 사람인지 기계인지 구분해 주는 기술이다.   출처 + 용어로 보는 IT

❷ 외부 사이트 변경

외부 사이트에 예고되지 않는 변경이 발생하는 경우에 RPA 담당자는 큰 혼란을 겪게 됩니다. 이러한 갑작스러운 변경은 업무의 중단 및 업무 처리 프로세스의 혼선을 가져오게 됩니다. 만약 외부 사이트의 변경 사항을 사전에 알 수 있다면 대응하는 작업을 준비하여 업무 중단 시간을 최소화할 수 있습니다. 만약 변경 사항은 알 수 없지만, 변경 시기를 알 수 있다면 대응 인력을 사전에 배치함으로써, 마찬가지로 혼란을 최소화할 수 있습니다 보통 사이트의 공지 사항을 통하여 확인 가능함 .

운영 담당자는 특정 사이트의 변경에 대한 확인 및 사전적인 조치가 가능하도록 통지하는 역할을 수행하여야 합니다. 만약 외부적인 내용을 놓쳤을 때 업무가 중단되는 어려움을 겪게 됩니다.

RPA 장애 대응 방안

RPA 처리 규모가 커질수록 장애에 대한 즉시 복구의 필요성도 커집니다. 어느 한 부서의 일이 아닌 관련된 모든 부서가 유기적으로 연계되어 작업할 수 있도록 철저한 준비가 필요합니다.

RPA 업무 수행 중에 뜻하지 않게 장애가 발생되었다면 이를 즉각적으로 해결하거나, 만약 해결하지 못한다면 업무가 연속성을 가지고 수행될 수 있도록 준비된 BCP^{Business Continuity Plan}를 가동해야 합니다.

그림 3-14 RPA 장애 시 복구 절차

01 장애 발생 인지 및 대응 방안 결정

장애에 따른 피해를 최소화하기 위하여는 사전에 장애 대비책을 마련하고, 실제 장애가 발생한 경우에 당황하지 않고 미리 정의된 절차에 따라 수행해야 합니다. 장애에 따른 피해 최소화를 위하여 가장 중요한 부분은 장애가 발생했을 때 바로 알 수 있는 모니터링 체계가 갖추어져 있어야 합니다.

장애 시스템 구분, 장애의 유형, 복구 가능성, 복구에 소요되는 시간, 작업의 긴급성 등을 종합적으로 고려하여 신속하게 RPA 시스템 장애 대응 방안을 수립하여 실행하는 것이 중요합니다. 장애 대응에 관한 의사결정이 지연될수록 파급되는 부정적인 효과는 커

156 • PART 3 RPA 운영 모델

질 수밖에 없습니다. 또한 장애 상황이 RPA 서비스 사용 부서와 신속하게 공유될 수 있는 체제가 마련되어 있어야 합니다.

장애 시스템이 무엇이냐를 구분하게 되는 것이 다른 일반적인 IT 시스템의 장애 대처와 다르기에 유의해야 합니다. RPA 시스템 자체의 장애가 아니고 RPA가 업무 처리를 지원하는 목적 시스템 자체의 장애인 경우가 있습니다. 이러면 장애에 대응할 수 있는 방법이 제한적이고 RPA 업무를 운영하는 부서의 직원도 대응할 있는 방법이 제한적이게 되어 장애가 발생한 시스템 복구 후 RPA를 통한 처리를 지속하는 경우가 많습니다. 장애가 발생하면 부서별 업무 담당자와의 신속한 의사 교환을 통하여 향후 업무 처리 방법에 대한 의견이 교환되어야 합니다.

만약 장애 상황이 경미하고 복구에 많은 시간이 소요되지 않을 것이라 판단이 된다면 RPA 운용 시스템 복구 이후 RPA 운영 단계로 계속 진행되도록 합니다. 만약 장애 상황이 심각하여 복구에 많은 시간이 소요될 것으로 예상된다면 중단된 RPA 작업들을 기존의 작업 의뢰 부서로 인계하고 해당 부서에서 BCP 절차에 따라 작업을 진행합니다.

02 장애 복구 작업 실시

RPA 서버 시스템에서 장애가 발생한 경우 장애 복구 작업을 실시하게 됩니다. 특기할 점은 RPA 서버 시스템의 장애 복구 작업은 일반적인 IT 시스템 장애와 달리 서버의 복구 작업에서 끝나지 않고 RPA 로봇 PC에서도 장애 복구 작업을 수행하게 됩니다^{사용하} 는 RPA 소프트웨어의 종류에 따라 상황이 다를 수 있습니다. 서버 시스템의 장애 복구가 종료된 이후에 RPA 로봇 PC의 재기동은 RPA 운영 담당자가 일괄로 수행하게 됩니다. 이와 같은 특수성으로 RPA 장애의 복구 시간의 산정은 RPA 서버의 복구에 소요된 시간뿐만 아니라 RPA 로봇이 정상적으로 구동될 수 있도록 조작하는 시간까지 포함되도록 합니다.

장애 복구 작업 시간을 단축하기 위해서는 평상시 장애 복구 매뉴얼 등의 준비가 되어 있어야 하고 지속적인 교육을 통하여 RPA 운영자가 장애 대처에 익숙할 수 있도록 훈련되어 있어야 합니다.

장애 복구 작업에서 협업이 필요한 경우에는 협업 대상자들의 비상 연락망이 사전에 준비되어야 할 내용입니다.

장애 복구 시 가장 중요한 요소는 장애 복구에 소요되는 예상 시간입니다. 장애 발생 시 장애 복구에 소요되는 시간을 예상하는 것은 어려운 일이지만 사용자 입장에서는 가장 궁금한 내용이기도 합니다. 장애 복구 시간을 예상하는 것은 작업 인계가 필요한 대상을 선별하고 신속하게 후속 대처를 진행하기 위한 것입니다. 장애 복구에 소요되는 시간이 경과되고 난 후에 주어지는 시간이 작업을 완료하는 데 충분하지 않다면 가장 빠른 시간 내에 BCP를 가동할 수 있도록 해야 합니다. RPA 수행 대상에서 제외하고 해당 업무를 수행하는 부서에서 별도의 대처가 가능한 시간을 최대한 가질 수 있도록 해야 합니다.

03 작업 인계

장애 복구 시간이 길어지거나 예기치 못한 상황 발생으로 업무 부서에서 해당 작업을 직접 수행해야 하는 경우에 업무 부서로 인계가 필요한 작업은 어떻게 정하게 되는 것일까요?

❶ 인계 대상 작업 선정

- 장애가 발생한 현재 시점에서 해당 작업이 필수적으로 수행되어야 하는 시간적 제약 사항이 있는 작업
- RPA 시스템 장애 복구 완료 이후 미처리된 작업량을 완료 예정 시간 내에 수행하기 어려운 경우
- 기타 부서에서 요청한 작업

업무 부서로 인계해야 하는 작업이 정해진 이후 해당 부서에 RPA 작업 인계 시에는 다음의 정보 사항을 포함하여 인계합니다.

❷ 작업 인계 시 전달되는 정보

- 인계되는 작업^{프로세스}들의 목록
- 각 작업의 현재 처리 상태^{전체 처리 대상 건수, 처리 완료 건수, 미처리 건수 등}
- 장애로 인한 오류 발생으로 점검이 필요한 내용 및 건수
- 장애 복구 완료 후 RPA 재처리 의뢰 시 필요한 방법 및 조치 사항

위의 내용 중에서 장애 발생 시점에 해당 작업의 처리 상태를 점검하는 것은 수작업으로 진행되어야 하는 양을 최소화하기 위한 조치입니다. 이를 통해 직원이 작업을 처음부터 재수행하지 않고, 장애가 발생한 시점까지 처리된 작업을 제외하고 남아 있는 잔여 작업만을 수행하는 것이 가능합니다. 이러한 작업의 효율성을 거두기 위하여는 개별 프로세스 처리 단위 건별 상태 확인이 가능하도록 정교한 제어가 필요합니다.

04 업무 연속성 계획(BCP) 가동

여느 장애와 마찬가지로 RPA로 수행되던 업무를 사람이 다시 수행해야 하는 경우에는 여러 가지 어려운 점이 있을 수밖에 없습니다. BCP 가동 시에 걸림돌이 될 수 있는 내용을 프로세스와 인력 운영에 대한 부분으로 나누어 살펴보겠습니다.

❶ 프로세스 측면

기존의 업무 프로세스를 그대로 RPA로 구현했고 해당 업무를 담당하던 직원이 그대로 근무하는 경우는 쉽게 조치가 가능합니다. 하지만 기존 프로세스를 변경하여 RPA 프로세스로 전환하였고, 이후 해당 부서에서 수작업으로 업무를 운영한 경험이 없다면 해당 작업을 직원이 바로 수행하는 것이 어렵습니다. 바꾸어 얘기하면 정작 업무를 담당하는

부서에서 해당 업무 프로세스에 대하여 잘 모르는 경우가 발생할 수 있습니다. 이런 상황을 예방하기 위해서는 RPA 프로세스를 정의할 때 작성했던 상세 매뉴얼을 최신화하여 관리하고, 업무 부서 직원을 대상으로 한 교육을 주기적으로 실시하여 RPA 수행 업무가 해당 부서에서 잊혀진 업무가 되지 않도록 하는 노력이 필요합니다.

부서 담당 인원 변동이 있는 경우에는 RPA 업무에 대한 이해와 더불어 운영에 관련된 각종 정보를 공유하여 장애 발생 시에도 차질 없이 운영될 수 있도록 준비합니다.

❷ 인력 운영 측면

RPA 의존도가 높고, 사용 범위가 넓을수록 장애 발생 시 인력에 대한 문제가 커질 수 있습니다. 특히 RPA 운영이 안정적이고 RPA 도입이 오래된 기업일수록 RPA로 전환된 업무를 담당하는 직원들의 업무 재배치나 인력 축소가 되었을 가능성이 높습니다. 이러한 상태에서 RPA 시스템의 장애 발생으로 갑자기 많은 인력이 필요하다면 난감한 상황이 될 수밖에 없습니다.

예를 들어, 부서의 인원이 50명에서 RPA 활용으로 30명 이상의 인력 절감 효과를 거두어 부서 인원이 축소되었다면, 해당 부서에서는 RPA 운영 부분 장애 시 부서 인력을 어떻게 긴급 재배치하고 업무량을 조절할 것인지에 대한 고민이 미리 검토되어야 합니다.

하지만 RPA를 활용하여 엔터프라이즈 레벨의 업무를 하는 회사에서는 개별 부서의 대응과는 별도로 중요 시스템에 알맞은 장애 예방 대책이 수립되어야 합니다. RPA 시스템의 즉각적인 복구 없이는 업무에 막대한 지장을 받을 수밖에 없기에 RPA 시스템의 하드웨어 이중화와 예방 활동을 위한 모니터링 시스템 구축 등 적절한 투자가 이루어져야 합니다.

05 RPA 로봇 활용률 Bot Utilization 향상

RPA 로봇 활용률을 높이는 것은 RPA 사업 예산 대비 비용 절감 극대화를 달성할 수 있는 수단임과 동시에 사내의 RPA 이해도가 성숙됨에 따른 프로세스의 혁신적인 변화에 대한 척도로 활용 가능합니다.

최근에는 국내외 대기업에서도 새로운 RPA 소프트웨어를 출시하면서 사용자 입장에서 좀 더 다양한 RPA 소프트웨어를 사용할 수 있게 되었고, 앞으로도 계속 그 선택의 대상이 넓어질 수 있다고 생각됩니다. 어떠한 RPA 소프트웨어를 사용하든지 사용자의 입장에서는 RPA 로봇 활용률을 높이기 위한 고민을 해야 합니다.

RPA를 오래전에 도입한 해외 기업들도 로봇 활용률에 대한 관심은 비교적 최근에 가지게 되었습니다. 그 이유는 우리나라의 경우에는 여타 IT 시스템의 도입과 마찬가지로 비용 대비 기대효과 측면에서 RPA를 바라보던 시각이 있었던 반면에 좀 더 이른 시기에 RPA를 도입했던 해외 기업들의 경우에는 프로세스 혁신을 달성하기 위한 필수적인 도구로 생각했기 때문입니다. RPA 활용 측면에서 매우 앞서 나가고 있는 해외 기업들과 인터뷰했을 때 실제로 RPA 로봇 활용률에 대한 관심보다는 혁신 프로세스의 적용에 중점을 두고 있다고 확인했습니다.

이러한 사유로 로봇 운용 시간에 비하여 조금은 과다한 숫자의 RPA 로봇이 배치되었다고 봅니다. 이제는 해외의 기업들도 RPA 로봇 활용률에 대해 관심을 가지게 되었지만 아직도 우리와는 사고가 조금은 다르다는 점을 많이 느낄 수 있습니다.

하지만 다른 무엇보다도 안정적인 운영을 바탕으로 RPA 로봇 활용률을 높이는 것이 RPA 도입 효과의 비용 절감 효과를 극대화할 수 있고 더 나아가서 RPA를 활용한 디지털 트랜스포메이션을 가속화할 수 있는 수단이 됩니다.

RPA 로봇 활용률이 높아질수록 프로젝트를 통하여 도입하는 로봇의 대수가 감소되기 때문에 RPA 소프트웨어 공급자나 프로젝트 사업자 입장에서 프로젝트의 핵심 목표로 제언하는 것은 어렵습니다. 사용자 입장에서는 가장 직접적으로 RPA 정량적 기대효과를 극대화할 수 있는 지표이기 때문에 프로젝트 진행 단계와 운영 단계에서 놓치지 않고 관리합니다. RPA 사용률은 소극적 로봇 활용률과 적극적 로봇 활용률로 구분할 수 있습니다. 소극적인 의미의 로봇 사용률이란 기존에 사람이 수행하던 업무 시간을 기준으로 RPA 로봇이 수행되는 시간을 비율비로 측정하는 것을 의미하는 것입니다.

$$소극적 로봇 활용률 = \frac{\Sigma\ 전체\ 로봇\ 운영\ 시간}{전체\ 로봇\ 대수\ \times\ 일\ 8시간} \times 100$$

그림 3-15 소극적 의미의 로봇 활용률

일일 1대 기준으로 6시간을 운영하게 된다면 소극적 의미의 로봇 활용률은 75%로 산정하게 됩니다.

6시간^{RPA 로봇 가동 시간} / 8시간^{사람의 1일 근무 시간} * 100 = 75 %

좀 더 적극적인 의미의 로봇 PC 활용률은 로봇 PC가 가용한 모든 시간 중에서^{최대 24시간} ^{365일 가동} 로봇 PC가 가동되는 시간의 합의 비율을 측정하는 것을 의미합니다.

$$적극적 로봇 활용률 = \frac{\Sigma\ 전체\ 로봇\ 운영\ 시간}{전체\ 로봇\ 대수\ \times\ 일일\ 운영\ 가능\ 시간} \times 100$$

그림 3-16 적극적 의미의 RPA 로봇 활용률

일일 1대 기준으로 18시간을 운영하게 된다면 적극적 의미의 로봇 활용률은 75%로 산정하게 됩니다.

18시간^{RPA 로봇 가동 시간} / 24시간^{로봇 운영 가능 시간} * 100 = 75 %

그렇다면 소극적 의미의 로봇 활용률의 차이와 적극적 의미의 로봇 활용률의 차이는 얼마일까요? 사람의 경우 하루 8시간, 주 5일, 일 년 250일 근무하는 경우 총 2,000시간을 근무하게 됩니다. 로봇은 하루 24시간, 일 년 365일 운용되는 경우 8,760시간 근무가 가능하기 때문에 이론적으로는 최대 4배 정도의 차이가 날 수 있습니다.

RPA를 처음 도입하는 경우에는 소극적 의미의 로봇 활용률에서 100% 활용하는 기준을 충족하기에도 어려운 상황이 될 수 있습니다. 하지만 도입 이후 시간이 지나면서 RPA에 대한 이해도가 높아진다면 적극적 의미의 로봇 활용률을 평가 척도로 사용할 수 있습니다. 사람이 수행하던 업무 시간을 바탕으로 측정하게 되는 소극적 로봇 활용률 기준에서 적극적인 의미의 로봇 사용률 측정으로 전환될 수 있다면 조직에서 RPA에 대한 이해도 및 활용도가 높다고 할 수 있겠습니다.

적극적인 RPA 로봇 활용률이 사내 업무 혁신의 척도라고 할 수 있는 점에 대하여 간단하게 예를 들면, 사람이 1일 8시간 근무하는 것을 기준으로 로봇이 해당 분량의 업무를 수행하는 것이 초기 RPA 도입 단계의 업무 적용의 일반적인 사례라고 할 수 있습니다. 하지만 초기 단계를 뛰어넘어 로봇의 총 가용 시간 기준에서 로봇이 작업을 수행하도록 업무 설계를 하기 위해서는 사람이 하던 기존 업무 처리 방식에서 벗어나 기존의 프로세스의 재배치, 업무 프로세스 리디자인 등 새로운 시도가 함께 병행되어야 합니다.

> 기존의 작업을 RPA화하는 것 = Good,
> 프로세스 혁신 및 리디자인에 기반한 RPA 활용 = Great

그렇다면 로봇 PC 활용률을 높이기 위하여 감안해야 할 요인들은 무엇이 있을까요? 여러 가지 요인 중에 정확한 스케줄링, 안정적인 운영, 업무의 혁신적인 설계를 통한 Full-Scale 업무 자동화를 가장 주요한 요소로 꼽을 수 있습니다.

이 세 가지 사항에 대하여 상세히 살펴보겠습니다.

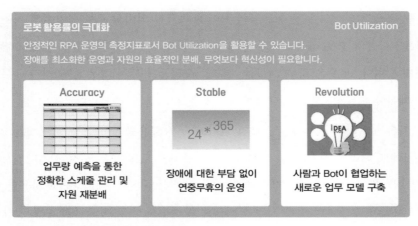

로봇 활용률의 극대화   Bot Utilization

안정적인 RPA 운영의 측정지표로서 Bot Utilization을 활용할 수 있습니다.
장애를 최소화한 운영과 자원의 효율적인 분배, 무엇보다 혁신성이 필요합니다.

Accuracy / 업무량 예측을 통한 정확한 스케줄 관리 및 자원 재분배

Stable / 24 * 365 / 장애에 대한 부담 없이 연중무휴의 운영

Revolution / IDEA / 사람과 Bot이 협업하는 새로운 업무 모델 구축

그림 3-17 RPA 로봇 활용률 제고 방안 3가지

01 정교한 업무 스케줄 작성

가장 먼저 수행해야 하는 것은 전체 프로세스를 총망라하여 정교한 업무 스케줄링 계획
을 수립하는 것입니다. 개별 작업의 특성을 파악하여야 하고 작업의 성격을 분류하여
정확하게 수행할 수 있도록 제어할 수 있어야 합니다.

구분	평균 작업량	업무 피크(Peak)	재처리/지연 처리
측정 요소	일일 처리량	주간, 월간, 연간 작업 피크	처리 유형
관리 방안	작업 시간 관리	Peak 기간 관리	재처리 지시 지연 처리 지시

표 3-5 작업 유형 분석

먼저 수행되어야 할 작업량을 예측하는 것입니다.

❶ 작업량 예측

사전에 RPA 업무로 전환하기 전에 업무량이 정확하게 파악되어야 합니다. 일일 수행 건수와 단위 수행 시간에 대한 측정을 통하여 해당 업무를 수행하기 위하여 적정한 자원을 배분해야 합니다. 특히 매일 할당된 업무가 당일에 완료되어야 하는 경우에는 반드시 업무량에 대한 정확한 측정 및 자원 배정이 필요합니다. 작업량의 예측이 어려우나 매일 주어지는 전체 업무량의 완결이 필요하다면 선택할 수 있는 방법이 두 가지가 있습니다.

첫 번째는 가용한 자원 내에서만 업무를 처리하는 것입니다. RPA가 처리 가능한 총량을 확인하고 RPA가 처리 가능한 범위까지 RPA로 업무 수행을 하고 초과되는 업무량은 해당 부서에서 처리하는 것으로 명확한 R&R을 협의하는 것입니다.

두 번째는 최대 예상 처리량에 기반한 RPA 운영 자원 할당입니다. 이러한 경우에는 업무의 중요성이나 회사의 전략적인 방침에 의거하여 최대한의 자원을 할당하는 것인데 이런 방식을 사용한다면 RPA 로봇 활용률은 저하될 수밖에 없습니다. 이는 정책적인 의사결정 사항으로 RPA 로봇 활용률보다 업무의 혁신성에 더욱 중점을 두는 경우에 사용할 수 있습니다.

❷ 업무 피크

보유하고 있는 로봇 라이선스 자원 구매량 산정에 있어 심각하게 고민해야 하는 유형이 업무상 피크가 발생하는 업무의 유/무 여부입니다.

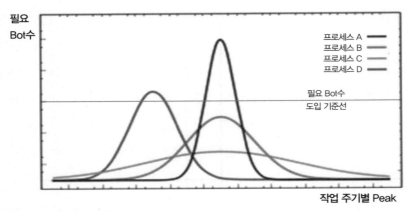

그림 3-18 **프로세스별 업무 Peak**

업무상 피크라고 하는 것은 1년 중 주기적으로 특정 기간^{주간/월간/분기 등}에만 업무가 몰리는 경우를 뜻합니다.

피크 시 업무를 수행한다면 해당 회사에서 평소에 필요로 하는 규모보다 훨씬 더 큰 로봇 대수를 운영해야 합니다. 가동률이 낮은 로봇이 존재할 수 있다는 점을 감안해야 합니다. 하지만 이러한 여유 자원은 운영자의 경험에 비추어 볼 때 장애 발생 시나 예상치 못한 수요에 즉시 대응할 수 있는 장점도 있어 무조건적으로 지양해야 할 대상은 아니라고 생각합니다.

❸ 재처리/지연 처리 등

어떠한 작업이 오류로 인하여 제대로 처리가 되지 않은 경우 해당 업무를 무조건 사용자에게 돌려주게 된다면 사용자의 만족도는 저하될 수밖에 없습니다. 특히 RPA 처리 대상 시스템이 외부 시스템인 경우에는 불가항력적인 사유로 인하여 작업의 대량 오류나 미처리가 발생하는 경우가 발생할 수 있습니다. 이런 경우에 담당자 간의 사전 협의 항목에 의거하여 해당 작업을 유휴 시간대에 재배치하여 수행할 수 있도록 하는 것이 좋습니다. 추가 작업이 가능하게 하기 위해서는 작업의 재처리 및 지연 처리에 대한 방안이 수립되어 있어야 합니다.

운영 수준이 얼마나 고도화되었는가는 사람이 개입하지 않고 운영이 가능한
상태로 만들 수 있는가에 달려 있습니다. 궁극적으로 무인화는 힘들더라도
무인화에 가까운 수준으로 높이는 것이 운영 목표가 되어야 합니다.

RPA에서 수행되는 업무가 많아지게 되고 활용도를 높이기 위해서는 야간 및 휴일에도 작업을 수행하여야 하는 필요성이 커지게 됩니다. 24*365 운영이 가능한 인적 환경이 이미 구축되어 있는 회사는 상관이 없지만, 상시 운영 인력이 없는 경우에는 야간 및 휴일 작업의 안정성에 대한 고려가 필요합니다. 야간이나 휴일에 작업이 수행되지 못할 경우를 감안하여 해당 작업의 미수행에 따른 영향도를 판단하여 수행 작업을 선정토록 합니다.

무인으로 야간 및 휴일 작업을 수행하게 되는 경우에는 더 체계적이고 시스템적인 측면에서 운영 작업을 선정해야 합니다.

가장 간단한 방법은 오류에 의한 영향도가 없는 작업을 수행하는 것입니다. 가령 정보 조회의 경우 해당 작업이 수행되지 않는 경우에는 업무의 지연 이외에 추가적인 리스크가 발생하지 않습니다. 하지만 업무 수행이 실질적인 업무 처리 결과를 발생시키는 경우 예를 들어, 거래처에 주문서 등을 발송하는 업무가 있다면 해당 업무의 오류로 인하여 추가적인 리스크가 발생할 수 있습니다. 이런 작업의 경우에는 무인 운영을 추진하고자 하면 사내 RPA 시스템의 품질이 무인 운영이 가능한 수준인지를 최우선적으로 판단해야 합니다. 사내 RPA 시스템의 품질이나 정교성이 떨어지는 경우에는 야간이나 휴일 작업을 무인 운영의 형태로 진행하는 것은 위험이 따르게 됩니다.

전체적인 수행 대상 작업의 선정이 완료되면 다음의 그림과 같이 사내의 모든 작업을 한눈에 살펴볼 수 있는 스케줄을 작성할 수 있습니다.

전체 작업 스케줄(일 단위)

작업	0	2	4	6	8	10	12	14	16	18	20	22	24
프로세스 #1													
프로세스 #2													
프로세스 #3													
프로세스 #4													
프로세스 #5													
프로세스 #6													
프로세스 #7													

그림 3-19 사내 전체 작업 스케줄

특히나 휴일 작업은 직업이 미수행되는 리스크도 있지만 반대로 휴일에 수행되면 안 되는 작업이 실행되는 리스크도 존재합니다. 휴일 작업을 제어하기 위하여 RPA 소프트웨어에서 제공하는 캘린더 기능을 활용하게 됩니다. 업무 수행에 필요한 캘린더의 휴일에 관한 정보 관리가 누락되는 경우 낭패를 볼 수 있습니다.

소소한 Tip⚡ 휴일 정보의 관리

휴일 테이블의 정보 관리는 실수가 많이 발생할 수 있는 부분입니다. 국내에서는 대선이나 총선으로 인한 임시공휴일 및 코로나로 인하여 갑자기 공휴일이 되는 경우가 있습니다. 이러한 내용을 놓치지 않도록 하여야 합니다. 24*365 운영 시에는 휴일이 작업이 가동되어야 하는지 아니면 가동되면 안 되는지를 정확하게 판단할 수 있도록 하고 해당 기준에 따라 업무를 운용합니다.

03 혁신적인 업무 재설계

업무 재설계란 무엇을 얘기하는 것일까요? 회사의 업무는 일정한 형태가 갖추어지고 나면, 수년 이상 동일한 형태의 업무를 수행하게 됩니다. 물론 어느 정도의 상시적인 개선 작업을 진행하는 경우도 있지만 바쁜 회사 생활에서 일상 작업에 대한 고민을 계속하는 것은 쉽지 않은 일이라고 생각됩니다. 이런 상황에서 RPA 프로세스의 적용을 위하여 기존의 직원이 일하는 방식에서 벗어나 로봇이 함께 일하는 완전히 새로운 형태로의 전환을 업무 재설계라고 합니다.

해외에서 RPA를 선제적으로 도입하고 운영하는 기업과 RPA 소프트웨어 공급업체에서 'RPA Journey'라는 용어를 많이 사용하고 있습니다. 이것은 무엇을 의미하는 것일까요? RPA Journey는 RPA를 활용하여 지속적으로 업무를 개선해 나가는 여정을 뜻하고 있습니다. RPA 사업을 일회성으로 추진하지 않고 업무 혁신의 동반자로 RPA를 활용해야 합니다. 기존에 RPA를 사용하지 않던 프로세스를 그대로 RPA화하는 것만으로도 매우 효과적입니다. 하지만 해당 업무를 새로이 분석하여 보다 효과적으로 변경하게 되면 굉장히 혁신적인 업무 처리가 가능하게 됩니다. 그렇다면 혁신적인 프로세스로 탈바꿈할 수 있도록 진행하는 방법에 어떠한 것들이 있을까요?

가장 간단한 방법은 처리 시간을 바꾸는 것입니다. 낮에는 로봇과 직원이 협업하여 일하고 밤에는 로봇이 혼자 사람이 작업할 내용을 준비할 수 있도록 합니다.

[그림 3-19]와 [그림 3-20]을 비교하여 설명하겠습니다. 프로세스 #1을 프로세스 #2가 수행되는 RPA 로봇 PC에서 수행하는 것은 로봇 활용률의 제고를 위한 방안입니다. 프로세스 #3의 경우 기존 사람이 수행하던 방식대로 주간에 수행되도록 설계할 수도 있지만 직원이 RPA 의뢰 부분을 제외한 업무를 좀 더 짜임새 있게 수행할 수 있도록 전일 23시부터 오전 10시까지 수행하도록 설계된다면, 로봇 활용률 제고와 업무 재설계에 따른 생산성 향상이라는 두 마리 토끼를 잡을 수 있습니다.

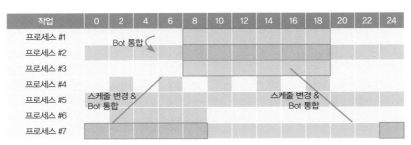

그림 3-20 작업 스케줄의 조정

다른 방법은 새로운 기술을 도입하는 것입니다. 기존에 사람이 할 수밖에 없었던 일들, 문서의 정합성 점검이나, 직원의 요청 사항에 대한 답변 등을 AI OCR, 챗봇 등을 통하여 처리하게 되는 경우입니다. 이러한 경우에는 보다 많은 업무의 변화가 뒤따르게 됩니다. 부가적인 기능을 추가하는 것이 RPA 업무의 적용 효과를 극대화할 수 있는 방법입니다.

그리고 다른 무엇보다도 혁신적인 업무 처리가 가능하게 만드는 것은 기존의 업무 프로세스를 전혀 새로운 방식으로 해결하려고 노력하는 담당자의 혁신적인 사고입니다.

RPA의 미래

RPA는 기본적인 프로세스 자동화에서 출발하여 지속적으로 그 영역을 넓혀 나가고 있습니다. 회사마다 상황이 다를 수 있지만 RPA를 오랜 기간 운영한 회사에서는 RPA가 다른 서비스와의 결합을 통하여 더욱더 그 진가를 발휘할 수 있다는 것을 깨닫고 있습니다. 해외에서는 일찌감치 전사적인 프로세스 혁신 작업의 일부분으로 RPA를 받아들이고 있습니다. 우리나라에서도 이러한 문화가 좀 더 성숙된다면 RPA는 그 진가를 좀 더 발휘할 수 있을 것이라 생각됩니다. 그렇다면 RPA가 앞으로 어떠한 방향으로 진화될 것이며 현재 가장 많이 시도되고 있는 미래 지향적인 RPA 활용 방안을 함께 살펴보겠습니다.

RPA와 디지털 기술 간의 융합

RPA는 레고 블록처럼 수많은 디지털 기술과 인공지능과의 결합을 통하여 파괴적인 서비스 제공이 가능한 수단으로 활용 가능합니다.

RPA의 발전 단계상에서 현재 RPA는 Cognitive Automation, Hyper Automation의 단계에 접어들었습니다. 용어와 지향하는 바는 약간 다르다고 할 수 있지만, 공통점은 단순한 RPA 프로세스 활용에 그치지 않고 무엇인가 다른 디지털이나 인공지능 요소와의 결합을 통하여 RPA의 적용 범위를 확장하고 자동화의 전체 흐름을 관장하게 만드는 것으로 받아들일 수 있습니다.

아래의 그림에서 현재 RPA와 융합 혹은, 협업을 시도하고 있는 기술들을 나열해 보았습니다. 이외에도 많은 기술들이 새로운 시도를 진행하고 있지만 현재까지 시장에서 많은 관심을 받는 기술 위주로 소개합니다.

그림 4-1 RPA와 디지털 및 인공지능 기술과의 결합

RPA와 인공지능을 포함한 다양한 디지털 기술들을 레고 블록을 조립하는 것처럼 서로 잘 조합하면 업무에 효과적인 새로운 수단으로 활용할 수 있습니다. 현재까지는 실시간 업무 처리에 제한이 있는 점을 제외하고는 점점 더 많은 활용 사례가 생길 것으로 예상합니다.

RPA와 융합되는 여러 가지 기술 중에 요즘 많은 관심을 받고 있는 디지털 기술을 사용목적별로 정리해 보면 [그림 4-2]와 같이 RPA 서비스 확산을 위한 채널 확대, Cognitive Automation과 같은 RPA 서비스 영역 확대, Hyper Automation을 위한 프로세스 발견 기능 등 워크플로우 지원, 초개인화를 가능하게 만드는 기능 등으로 구분할 수 있습니다.

특히 비정형 문서 처리를 위한 AI-OCR 기술과 프로세스 마이닝 기술은 RPA 소프트웨어 회사에서 RPA 소프트웨어 내 기본 모듈로 탑재하거나, 전문 기업과 협업하여 사용하는 방식으로 제공되어 RPA 소프트웨어와의 융합 사례가 많이 생겨날 것으로 예상됩니다.

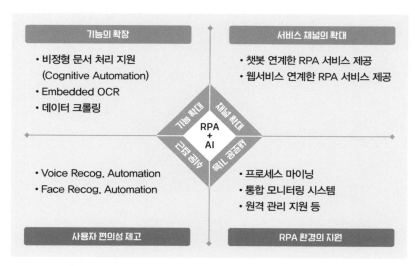

그림 4-2 RPA와 디지털 컨버전스

지금부터 새로운 서비스 창출을 위하여 디지털 기술과 RPA를 결합시키는 방법 및 이에 따른 서비스의 특장점에 대하여 살펴보고 마지막으로 그 효과성을 예측해 보겠습니다. 사실 RPA 활용 서비스에 대한 부분은 각 사의 환경에 맞추어서 무궁무진한 사례가 발생할 수 있지만 근래에 가장 많이 언급되는 사례를 중점적으로 살펴보겠습니다.

비정형 문서 처리 자동화Cognitive Automation

비정형 문서 처리는 RPA의 영역을 획기적으로 확장시키는 시도가 될 수 있습니다. 비정형 문서 처리를 사용하기 위해서는 기술 요소별 취약점에 대한 명확한 분석 및 대응 전략 수립이 필요합니다.

'비정형 문서 처리'라는 제목에서 볼 수 있듯이 RPA 처리를 위한 기초 자료를 획득하기 위해 디지털화되지 않은 서류에서 수기로 정보를 얻는 방식에서 벗어나 자동화 처리가 가능토록 지원하는 기술입니다. 업무에 활용되는 비정형 문서에서 정보를 취득하는 절차를 사람이 아닌 RPA가 수행할 수 있도록 하면 RPA 서비스 범위를 획기적으로 확대할 수 있습니다. 비정형 데이터 처리를 인식 컴퓨팅 기술을 활용하여 자동화하는 것을 'Cognitive Automation'이라고 합니다.

인식 자동화Cognitive Automation 영역에는 여러 가지 종류가 있지만, 최근에 기업에서 특히 관심을 많이 가지는 부분이 비정형 문서 처리를 통한 RPA 자동화 영역의 확대 부문입니다. 국내의 소프트웨어 대기업뿐만 아니라 해외 유수의 업체에서도 특히나 이 분야에 대한 관심 및 투자를 집중하고 있습니다. 그렇다면 비정형 문서란 무엇을 말하는 것인지부터 살펴보겠습니다.

회사에서 처리하는 문서들은 그 종류가 헤아릴 수 없이 많고 문서에서 취득하는 데이터의 양이나 처리하는 방식도 매우 다양합니다.

정형 문서는 추출하고자 하는 항목의 수, 문서 내 해당 항목의 위치, 데이터 항목의 값이 무엇인지 표기하는 제목, 데이터의 단순 구성, 단일의 문서 발급처 등 기정의된 형식을 갖추고 있는 문서를 지칭합니다. 해당 문서의 인식 처리에 필요한 기술은 비교적 단순한 OCR 처리 기능으로, 현재 시점까지 문서 인식 처리라고 지칭되는 업무의 일반적인 범주에 속하는 영역입니다.

Cognitive Automation은 인공지능의 한 종류로 인식 컴퓨팅에 기반하여 업무를 자동화하는 새로운 영역입니다. Cognitive Automation의 주된 관심은 사무실에서 매일 반복되는 자연어 처리, 실시간 컴퓨팅, 머신러닝 알고리즘, 빅데이터 분석 그리고, 증거 기반 학습에 기반을 두고 있습니다. 출처 + 위키피디아

정형 문서가 갖추어야 할 요건들의 일부 또는, 전부를 갖고 있지 않는 경우를 비정형 문서라고 지칭합니다.

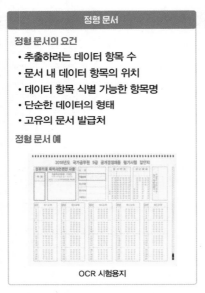

그림 4-3 정형 문서와 비정형 문서의 구분

비정형 문서는 정형 문서의 요건에서 여러 개의 요건이 없는 경우로, 단순한 OCR 처리로서는 문서 내의 정보 취득에 많은 제약이 주어지는 문서를 지칭합니다. 한 회사에서는 정형 문서에 해당하지만 다른 회사에서는 비정형 문서로 구분하는 경우도 발생할 수 있습니다. 가령 A라는 회사에서 물품 구매 신청서를 사용한다면 해당 문서는 사내에서는 정형 문서로 분류될 수 있습니다. 하지만 이 문서를 수령하는 B사에서 A사 이외에도 다수의 회사에서 물품 구매 신청서를 수령하여 처리하게 된다면 다양한 물품 구매 신청

서 양식을 접하게 되어 B사의 문서 처리에서는 하나의 방식으로 처리할 수 없습니다.

고객이나 회사 간의 업무 처리에서 상대방에서 수령하게 되는 수많은 비정형 문서 처리에 있어 아직도 너무나도 많은 단순 반복되는 수작업이 수행되고 있습니다. 우리는 이러한 일들을 너무나도 당연하게 생각하고 있고, 해당 업무의 효율화가 필요하다는 사실에 무관심한 것이 사실입니다. 수작업에 의한 문서 처리 반복 작업은 매우 비효율적인 업무로써 당연히 개선되어야 하는 대상입니다.

현재까지는 기술적인 제약으로 인하여 비정형 문서 처리를 수작업에 의존하였기에 비정형 문서에서 취득하는 정보는 인적자원 투입의 한계로 제한적일 수밖에 없었습니다. 하지만 RPA를 활용한 비정형 문서 처리가 가능해지면서 비정형 문서에서 취득 가능한 정보의 양은 수작업과 비교할 수 없을 만큼 확대될 수 있습니다. 비정형 문서 처리 자동화를 통하여 취득하게 되는 각종 정보를 일차적으로 기존 업무 처리에 활용함과 동시에 부차적인 목적에 맞게 활용할 수 있도록 데이터 자산화가 가능합니다. 데이터 자산화를 통하여 새로운 사업 기회의 획득이나 서비스 품질의 개선이 가능하게 됩니다.

비정형 문서 처리에 있어 당면하는 여러 가지 문제점을 살펴보고 어떻게 해결할 수 있는지에 대한 내용을 서술해보겠습니다.

기업에서 일반적으로 문서를 처리할 때 문서의 내용을 단순히 참조만 하는 경우도 있고 특정 내용을 발췌하여 회사의 각종 시스템에 입력 처리하는 경우가 있습니다. 그렇다면 어떻게 비정형 문서를 처리하고 품질을 가늠할 수 있는 측정치로 어떤 것들이 있는지 살펴보겠습니다.

01) 비정형 문서 처리의 핵심 키워드

비정형 문서 처리에 있어 핵심 키워드는 '❶ 인식 정확도,
❷ 자동 처리 비율, ❸ 오류 포함 비율'입니다.

비정형 문서 처리를 도입하고자 할 때 가장 많이 받는 질문은 비정형 문서 처리 자동화가 얼마만큼의 정확도를 가지고 비정형 문서를 처리할 수 있느냐입니다.

기본적인 특징인 아직은 무결성을 100% 보장할 수 없는 OCR 기능을 기반으로 작업하기에 정보의 오류나 누락 없이 처리하는 것을 약속할 수 없다는 것입니다. OCR 기능과 인공지능을 결합한 비정형 문서 처리 자동화에서 고심하는 항목은 OCR 정확도를 시작으로 보다 주요한 관리 사항으로 자동 처리 비율과 오류 포함 비율이 있습니다. 세 가지 항목의 결과를 통하여 사용자가 어느 정도의 서비스 수준을 기대할 수 있는지 답변할 수 있습니다.

비정형 문서 처리에 있어서 서비스 품질을 좌우하는 세 가지 항목들에 대하여 순서대로 살펴보겠습니다.

❶ 정확도 Accuracy Rate

비정형 문서 처리에 있어 가장 먼저 언급되는 항목은 문서의 인식 정확도 Accuracy Rate입니다. 문서를 인식하고 처리하는 데 있어 가장 기본이 되는 사항이기도 하고 다른 핵심 사항들에 대하여 절대적인 영향을 미치는 요소가 됩니다.

인식의 정확도란 처리 문서 내 개별 항목의 인식을 통하여 취득된 값이 실제 문서의 값과 일치하는지의 비율입니다.

시장에 사용되고 있는 무료 버전의 OCR부터 유수의 회사에서 보유한 상용 엔진까지 여러 종류의 OCR 엔진들이 사용되고 있습니다. 각각의 엔진들이 주장하고 있는 정확도는 사용자가 실제적으로 느끼는 경험치와 상이할 수 있습니다. 이는 해당 회사에서 처리하는 문서의 품질, 형태, 언어 등 수많은 요소에서 영향을 받기 때문입니다.

인식률에서 보이는 품질 수준은 최근 들어 많이 향상되고 있지만, 무엇보다 분명한 사실은 아직까지 100%의 인식 정확도를 보장할 수 있는 OCR 엔진은 없다는 사실입니다.

그렇다면 100%의 인식 정확도를 보장할 수 없는 OCR 엔진을 기반으로 하여 개인도 아닌 회사에서 어떠한 작업을 할 수 있느냐가 문제입니다. 여기에서 강조하고 싶은 것은 낮은 인식 정확도는 리스크가 아니고 업무량 부담의 문제라는 것입니다. 사람들이 처음 인식률을 접하고서 업무상 리스크로만 결부시켜서 100%의 인식 정확도가 보장되지 않는다면 사용할 수 없다고 주장하는 경우가 많은데, 이는 비정형 문서 처리에 있어 여러 가지 보완책을 통하여 비정형 문서 처리가 가능하다는 것을 간과했기 때문이라고 판단됩니다.

◎ OCR 인식값 정오 점검표

순번	이름	주소	전화	직업
1	○	×	○	○
2	○	○	○	○
3	○	○	○	○
4	○	○	×	○
5	○	○	○	○

OCR 인식 정확도(Accuracy Rate)
= 정답 항목의 개수 / 전체 항목 개수
= 18 / 20
= 90 %

※ OCR 처리만의 정확도와 정규식이나 기타 처리를 통한 정확도의 구분 필요

그림 4-4 비정형 문서 OCR 정확도 산출

[그림 4-4]에서 확인되는 90%의 인식 정확도가 나오는 경우에 100%가 아니기 때문에, 여기에서 발생하는 리스크가 있어 업무에 사용할 수 없다는 결론을 내릴 수도 있습니다. 하지만 비정형 문서 처리를 통한 업무 혁신은 비정형 문서 처리 절차를 세밀하게 수립하고 기본적인 OCR 인식 처리 작업 이외에 전처리, 후처리, 인공지능을 활용한 추가적인 작업 등을 통하여 이러한 약점을 극복할 수 있다는 판단을 내리는 것에서 시작될 수 있습니다.

❷ 자동 처리 비율

인식의 정확도를 바탕으로 여러 단계의 전/후 처리를 통하여 최종적으로 사용자가 느끼는 업무 편의성을 담보하게 되는 자동 처리 비율을 살펴보겠습니다.

자동 처리 비율이란 사용자가 비정형 문서 처리 업무를 의뢰한 건수에서 어느 정도의 비율로 사람의 개입 없이 업무가 처리되느냐의 의미에서 측정될 수 있는 것입니다.

비정형 문서 처리를 시작하는 시점에서 SI 사업자 측에서 제시하는 서비스 품질지표는 문서 인식의 정확도입니다. 컴퓨터 시스템이 반복적인 작업을 진행하는 도중에 의사결정을 하기 위하여 사람이 개입되는 구조^{Human-in-the-loop}에서 비정형 문서 처리 서비스 사용자의 만족도를 높이고자 한다면 사람의 개입을 최소화하거나 리스크가 제거되어 참여하지 않을 수 있는 방안을 고민해야 합니다. 사용자 입장에서는 비정형 문서 처리 업무의 기대효과 및 비용 절감을 위하여 문서인식의 정확도뿐만 아니라 자동 처리 비율을 얼마나 높일 수 있느냐 고민해야 합니다.

일차적으로 인식된 값의 정확도가 높다고 하더라도 자동 처리 비율이 낮다면 사용자의 만족도는 현저히 떨어질 수밖에 없습니다. OCR의 정확도를 기반으로 하여 자동 처리 비율을 높이는 것은 각종 전/후처리와 인공지능 기술의 활용이 필요하기 때문에 각각의 기술을 적절히 배치하여 활용할 수 있도록 합니다.

◎ OCR 인식값 정오 점검표

순번	이름	주소	전화	직업	자동처리
1	○	×	○	○	×
2	○	○	○	○	○
3	○	○	○	○	○
4	○	○	×	○	×
5	○	○	○	○	○

자동 처리 비율(Straight Through Processing Rate)
= 자동 처리 가능 건 / 전체 처리 건수
= 3 / 5
= 60 %

※ 선택적으로 사람이 개입하지 않고 자동으로 처리 단계로 진행할 수 있는 비율

그림 4-5 비정형 문서 OCR 자동 처리 비율 산출

여기에서 가장 중요한 전제이자 제약점은 사용하는 여러 종류의 디지털이나 인공지능 기술이 100%의 정확도를 보장하지 않는 것입니다. 이것은 RPA 또한 100%의 무결성을 담보하지 않는다는 점과 일맥상통하는 부분이 있습니다. 그렇다면 어떠한 작업을 통하여 사람을 이러한 비효율적인 자동화 처리 공간에서 벗어날 수 있게 만들면서 오류가 발생하는 위험에서도 벗어날 수 있도록 하는가의 문제에 대한 고민을 해야 합니다.

비정형 문서 처리에 있어 가장 일반적이고 서비스를 제공하는 입장에서 편하게 느끼는 것이 비정형 문서를 처리한 내용을 사람이 일일이 검증하는 방식입니다. 이런 방식은

개발 단계에서의 고민을 줄이고 개발에 들어가는 자원을 절약할 수 있지만 이후 오랜 기간 운영하는 단계에서 비효율적인 요소가 상존하게 됩니다. 앞선 [그림 4-5]에서 2, 3, 5번 건의 처리에 있어 시스템이 검증한 값이 정확하다는 확신을 가질 수 있다면 사람의 개입 없이 처리할 수 있습니다.

사람의 개입 없이 비정형 문서 인식에서 시작된 작업이 곧바로 RPA 처리까지 이어지는 자동 처리 비율을 높일 수만 있다면 비정형 문서 처리에 따른 업무 효과를 획기적으로 향상시킬 수 있습니다.

여기에는 여러 가지 수단을 동원하여 인식된 값을 정확성을 확인할 수 있는 수단이 제공되어야 합니다.

❸ 오류 포함 비율

자동 처리 비율을 높이고자 할 때 꼭 확인해야 하는 내용이자 비정형 문서 처리에서 가장 커다란 위험 요소는 실제 오류이면서 오류가 아닌 것으로 분류되는 오류 포함 비율입니다. 문서의 인식에서 오류율이 높은 것은 비정형 문서 처리 품질에 대한 불만 요소로 나오지만, 잘못 인식된 내용이 걸러지지 못하고 정상으로 분류되어 처리되는 것은 업무상 리스크로 연결되는 부분입니다.

◎ OCR 인식값 정오 점검표

순번	이름	주소	전화	직업	자동처리
1	○	×	○	○	×
2	○	○	💣	○	○
3	○	○	○	○	○
4	○	💣	×	○	×
5	○	○	○	○	○

오류 포함 비율
기존에는 정상으로 처리되었으나
실제 처리 시에 오류로 판정난 비율

※ 처리 마지막 단계 혹은 처리 이후에
   해당 내용 확인 가능

그림 4-6 비정형 문서 OCR 오류 포함 비율 산출

[그림 4-6]에서 2번의 전화번호와 4번의 주소는 잘못된 정보가 입력되었지만 정상적으로 인식 처리되었다고 판정된 내용입니다. 이러한 오류 포함 비율을 최소화하기 위하여

여러 가지 수단을 동원해야 합니다. 어떠한 방안을 이용할 수 있는지 살펴보겠습니다.

■ 복수의 OCR 엔진 사용

가장 먼저 생각할 수 있는 방법은 두 개 이상의 OCR 엔진을 사용하는 방안입니다. 두 개의 OCR 엔진에서 처리한 항목의 인식값이 일치한 경우에는 좀 더 신뢰성 있는 데이터를 얻을 수 있다는 착안점에서 출발한 내용입니다. 물론 OCR 엔진의 성능이 현저하게 차이가 난다거나 두 엔진이 장점 측면에서 별다른 특이점이 없다면 이러한 시도가 효과적이지 않을 수 있습니다. 하지만 예외적인 경우가 아니라면 두 개의 OCR 엔진을 통하여 분석된 값을 비교하여 동일하게 인식된 값을 사용하는 것은 매우 바람직한 결과를 예상할 수 있습니다.

OCR 엔진의 이중화에 따른 또 하나의 장점은 하나의 엔진에서 발생하는 약점을 다른 엔진에서 보완할 수 있다는 것입니다. 물론 각각의 OCR 엔진이 나름대로의 특징 및 강점을 가지고 있는 경우에 해당합니다. 만약 두 OCR 엔진이 완벽에 가까운 인식률을 보여준다면 상관이 없겠지만, 특정한 영역에서 하나의 엔진이 성능 저하를 보이고 있는 경우라면 다른 하나를 보완적인 측면에서 사용할 수 있습니다.

복수의 OCR 엔진을 사용하면 운영 시스템의 부하가 커지게 되고 비정형 문서의 처리 속도에도 영향을 줄 수 있습니다. 하지만 이런 부작용에도 불구하고 실제적인 업무 리스크를 낮추기 위해서는 복수의 OCR 엔진의 사용이 바람직합니다.

■ 항목별 가중치 부여 혹은 신뢰도 계수 활용

또 다른 하나의 방법은 인식되는 데이터 항목별 업무 위험 가중치를 두거나, 문서 인식 처리 값에 대한 OCR 내부의 신뢰 계수를 활용하여 일정 수준 이하의 값에 대한 재검을 수행하는 방안입니다. 인식 항목별 가중치의 기준은 비즈니스 측면에서 만약 해당 항목의 처리가 잘못되어 있는 경우에 어떤 결과가 예상되느냐에 달려 있습니다. 이러한 결정은 사용자가 가장 잘 아는 것이고 또한 사용자만이 결정할 수 있는 사항입니다. 노련한 업무 담당자가 필수적으로 필요한 사항입니다.

■ 사용자 경험에 의한 오류 제거

사용자 경험에 의해 오류를 제거하는 경우입니다. 이것은 비정형 문서 처리 모듈 중에서 재검증[Verifier]에 해당하는 내용인데, 가장 일반적으로 활용되는 방식은 정규식에 의한 검증입니다. 이외에도 여러 가지 수단으로 오류 값의 포함을 사전에 방지합니다. 자세한 내용은 재검증 부분에서 살펴보겠습니다.

■ 엔진 자체에서 인식 오류 감지

마지막으로 OCR 엔진 자체에서 오류 판독 여부를 판단하는 것인데 현재 몇몇 업체에서 진행하는 내용입니다. 사실 OCR 엔진 스스로가 해당 엔진이 인식 처리한 문서 내에서 어떠한 내용을 잘못 판독한 것인지를 판별하기는 대단히 어렵습니다. 또한 업무를 처리하는 입장에서도 해당 기능이 완벽하게 동작한다고 쉽게 인정하기에는 어려운 점이 있습니다. 이러한 기술적인 부분은 도입 이후 운영 모니터링을 통하여 상당한 검증 기간을 갖는 것이 필요합니다.

위에 열거한 여러 방법들을 활용하여 '오류이면서 오류가 아닌 듯 숨어 있는 오류'를 찾아내어 제거하는 것이 비정형 문서 처리에 있어 가장 중요하고도 핵심적인 작업이라고 할 수 있습니다.

02 비정형 문서 처리 흐름

지금부터는 비정형 문서 처리를 위한 내부 모듈의 처리 흐름을 살펴보겠습니다.

회사마다 보유하고 있는 비정형 문서 처리의 모듈이 각기 다를 수 있지만 개념적인 측면에서 다음과 같은 단계를 거치게 될 것으로 예상합니다.

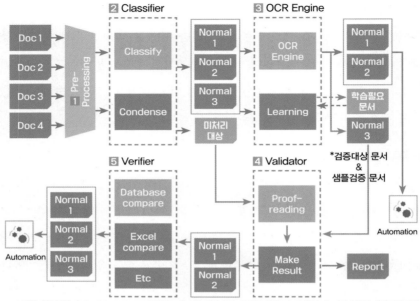

그림 4-7 비정형 문서 처리 흐름도(전체)

① 전처리 Pre-processing

문서 인식률 향상을 위하여 기존 문서의 품질을 향상시키는 작업으로, 문서의 방향 회전 또는, 위치 보정 등 OCR 엔진이 쉽게 처리할 수 있는 상태로 변환시켜 주는 작업을 수행하는 모듈입니다.

- 문서의 명암 대비의 변환이나, 농도 조절, 노이즈 제거
- 문서의 회전, 절개, 위치 이동 수행
- 저해상도 문서 품질 향상 작업(Low Resolution Enhancement)

비정형 문서 처리를 시작하면서 내부나 외부에서 질문이나 본인의 의견으로 많이 말하는 것으로 '문서 품질이 안 좋은데 이런 문서를 왜 쓰나요? 처음부터 품질이 좋은 문서를 만들면 되지 않을까요?'라는 의견이 있었습니다.

결론부터 말하자면 어쩔 수 없다는 것입니다. 품질이 안 좋은 문서가 작성되는 시점은 회사 내부보다는 외부의 고객이나 거래 회사에서 작성하는 경우가 대부분입니다. 제한된 회사를 대상으로 한다면 어느 정도 가능성이 있지만 불특정 다수의 고객이나 회사에서 생성된 품질이 좋지 못한 비정형 문서를 일시에 품질이 좋은 문서로 바꾸는 것은 사실상 불가능에 가까운 일입니다. 여기에서 어쩔 수 없이 품질이 좋지 않은 비정형 문서의 처리가 시작됩니다.

② 문서 분류기 Classifier

문서 분류기 Classifier 모듈에서는 OCR 인식 작업을 진행하기 전에 문서를 분류하여 해당 문서를 처리할 수 있는 위치 혹은, 인스턴스로 연결하여 주는 작업을 수행하게 됩니다. 비정형 문서 종류별로 학습을 진행하고 준비하게 되는데 문서 종류와 처리하는 프로세스 간의 사전 분배 작업을 수행합니다. OCR 엔진 프로세스의 성능과 종류에 따라 가장 적합한 일을 처리하는 프로세스에 할당함으로써 최적의 결과를 얻을 수 있게 됩니다.

문서 분류기 모듈의 또 다른 주요한 역할 중에 하나는 비정형 문서 처리에 필요 없는 문서의 제외 작업이 있습니다. 비정형 문서에서 필요한 정보를 포함한 문서가 전체 문서 중 일부인 경우가 있습니다. 정보를 포함하지 않는 문서를 비정형 문서 처리에서 제외함으로써 작업 시간의 지연을 최소화합니다. 만약 OCR 엔진의 처리 속도 및 성능이 전체 문서 처리함에 있어 충분하다면 불필요한 페이지 제거는 신경 쓰지 않아도 됩니다. 하지만 문서의 처리 속도에 대한 이슈가 있거나 페이지당 처리 비용이 발생하는 경우 문서 분류기 모듈에서 불필요 문서의 제거 작업을 실시합니다.

정보가 포함되지 않은 문서를 제거할 때 비정형 문서 처리 작업이 완료된 시점에서 해당 문서를 최초 의뢰 시점의 상태로 복원할 필요가 있는 경우에는 문서 복원 부분까지 감안합니다.

- 문서 종류별 분류, 종류별 저장소 이동, 문서 파일 분할
- 처리 제외 대상 문서 인식, 문서 내 처리 제외 부분 삭제
- 비정형 문서 처리 전 원본 문서 보관, 비정형 문서 처리 후 문서 복원

❸ OCR 처리 OCR Engine

실제 문서를 읽어 내는 곳은 OCR 엔진 모듈입니다. 자동차의 엔진처럼 비정형 문서에서 가장 중요한 부분을 차지하고 있습니다. OCR 엔진의 성능이 전체 비정형 문서 처리 효율에서 많은 부분을 차지하기 때문에 OCR 엔진의 정확성 점검을 통하여 비정형 문서 처리의 최종적인 효율성을 예측할 수 있습니다.

일반적인 OCR 엔진 기능에 부가하여 비정형 문서 처리에 있어 가장 핵심적인 필요 기능은 비정형 문서 처리를 위한 인공지능 및 자연어 처리 기술입니다. 실제로 이 내용이 기술적으로 가장 어렵지만 포기할 수 없는 비정형 문서 처리의 핵심 중의 핵심입니다.

비정형 문서 처리에서 일반적으로 직면하게 되는 어려움은 표에 포함되어 있는 글자 인식, 문서 내 연관 자료 분석, 문장 작성 의도 분석 등으로 이를 해결하기 위해서는 OCR 기능뿐 아니라 인공지능 기술이 필요합니다. 만약 인공지능이나 자연어 처리가 누락되거나 지원 기능이 부족할 경우 비정형 문서 처리로 기대하고 있는 목적 달성이 어렵게 됩니다.

이에 사용자와 사업자는 처리 대상인 비정형 문서별 요구 사항을 도출하고 각각의 요구 사항을 해결하기 위한 방법을 사전에 논의하며 상세한 해결 방안을 정합니다.

④ 검증기 Validator

검증기는 OCR 엔진에서 처리된 내용을 검증할 수 있도록 제공되는 수단 혹은, 절차로 정의할 수 있습니다. 일련의 RPA 자동화 과정에서 직원이 개입하게 되는 단계입니다. 사람이 작업하게 되는 분량을 오류 없이 최소화하는 것이 비정형 문서의 기대효과를 높이는 데 있어 결정적인 역할을 수행하게 됩니다.

검증 단계에서 수행해야 하는 주요 작업 및 고려 사항은 다음과 같습니다.

- (Dual) OCR 엔진에서 처리된 값의 표시
- 검증기 화면 조작의 편리성, 화면 전환의 용이성
- 화면 검증 시 추출된 데이터 영역의 이미지 제공 여부
- 검증 후 데이터의 RPA 작업 의뢰 방안
- 담당 직원에게 검증 대상 문서의 발생 통지
- 인식 신뢰도 계수(Confidence) 혹은 업무상 중요도에 따른 점검 방안
- 오류 포함 비율(Fault Acceptance Rate) 확인을 위한 점검 방안

⑤ 재검증기 Verifier

재검증기란 OCR로 추출된 정보를 사용자 경험치와 업무 노하우를 활용하여 추출값의 정당성을 확인할 수 있는 점검 자동화 기능을 지칭합니다.

재검증기는 비정형 문서를 OCR로 인식한 이후 처리하는 과정에 위치하게 되는데, 특징은 모든 문서에 동일하게 적용되지 않고 각 문서의 특성 및 구성 형태에 맞추어 특화된 점검을 수행하게 된다는 것입니다.

그럼 하나의 예제를 통하여 재검증기의 역할을 살펴보겠습니다. 회사 차량에 대한 경비나 공과금 등을 처리하는 경우에 해당 차량의 번호가 포함되어 있는 문서를 인식하여 인식된 값을 기반으로 RPA 작업을 수행하게 됩니다. 해당 차량의 차량번호를 키 값으로 하여 작업을 하게 되는데 해당 문서에서 추출된 차량번호를 별도로 구축되어 있는

사내 차량 정보 DB 정보와 비교하여 해당 차량 정보 항목의 추출이 정당한지 검증을 실시할 수 있습니다.

차량번호 일부분만 인식한 경우에도 DB에 저장되어 있는 값의 일부와 비교하여 일치되는 경우 사용 여부를 결정할 수 있습니다. 다만 이러한 점검은 잘못된 점검 확인으로 오류 데이터가 포함되지 않도록 명확한 재검증 기준을 제시하도록 합니다.

- RPA 작업을 수행하기 전에 자동화된 검증 기능 제공
- 문서별 특징에 맞는 자동 점검 방안 수립(데이터베이스 활용, 엑셀 등)

Lesson

03 음성인식을 활용한 RPA 서비스

음성인식을 활용한 서비스는 사용자 편의성 측면에서 가장 높은 점수를 받는 서비스가 될 수 있습니다. 현재는 일부 지연 시간 및 정확성에 대한 대비책도 함께 마련해야 합니다.

많은 관심을 받는 인식 자동화 기능 중 하나인 음성인식을 활용한 RPA 서비스 제공 방안을 검토할 수 있습니다. 음성은 그 어떠한 수단보다도 사람이 의도를 전달하는 데 간편한 수단입니다. 음성인식을 통한 서비스는 여러 개의 서비스 모듈을 연결하여 제공이 가능한데, 기본적으로 CTI^{Computer Telephony Integration}라는 콜센터 기반 시스템에 IVR^{Interactive Voice Response}, STT^{Speech To Text}, TA^{Text Analysis}, 자연어 처리 등의 다양한 디지털 기술 및 인공지능 기술들을 함께 사용하여 음성인식을 활용한 RPA 서비스를 제공할 수 있게 됩니다.

용어정의 **CTI[Computer Telephony Integration]**

Computer Telephony Integration의 약어. 컴퓨터와 전화를 통합하여 정보 처리와 통신을 연결하는 기술. CTI는 은행, 보험사, 판매 회사 등의 콜센터에서 주로 사용하는 시스템으로서, 콜센터에 고객의 전화 문의가 오면 발신 전화번호를 추적하여 회사의 데이터베이스에서 고객에 관한 각종 정보가 추출되어 상담원의 컴퓨터 화면에 표시해 주기 때문에 신속하게 대응할 수 있다.

출처 ✦ 네이버 지식백과

용어정의 **IVR[Interactive voice response]**

IVR(Interactive voice response)은 인간이 키패드를 통해 음성 및 DTMF 톤 입력을 사용하여 컴퓨터로 작동하는 전화 시스템과 상호 작용할 수 있게 하는 기술이다. 통신에서 IVR은 고객이 전화 키패드 또는, 음성 인식을 통해 회사의 호스트 시스템과 상호 작용할 수 있도록 하며, 그 후 IVR 대화를 통해 서비스를 조회할 수 있다.

출처 ✦ 위키피디아

지금부터 음성인식을 활용한 RPA 서비스 제공을 위한 업무 흐름을 간략히 살펴보겠습니다. 우선 사용자^{내부 혹은 외부}가 전화로 콜센터에 연결을 시도합니다. 통화가 연결된 이후 가장 먼저 통화자가 등록된 사용자인지를 확인하는 데 필수가 아닌 선택으로 수행할 수 있습니다. 다음으로는 사용자가 요청하는 내용을 확인하는 단계입니다. 요청 사항이 담긴 음성 파일을 STT^{STT} 처리를 통하여 아날로그 데이터인 음성에서 디지털 형태인 텍스트 자료로 변환하게 됩니다. 이렇게 변환된 자료를 분석하여 도출된 요청 사항이 RPA 서비스 목록에 해당하는 경우에 서비스를 제공하게 됩니다. 아래 [그림 4-8]에 표시된 음성인식을 통한 RPA 서비스 제공 방안에 대하여 단계별로 살펴보겠습니다.

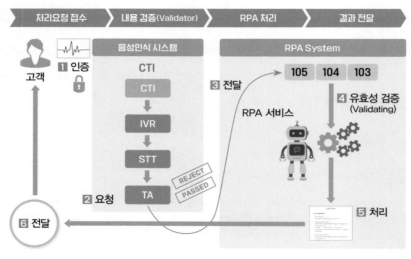

그림 4-8 음성인식을 활용한 RPA 서비스 처리 흐름도

01 음성인식을 활용한 RPA 서비스 제공 방안

음성인식을 활용한 RPA 서비스 제공은 '사용자 인증 → 요청 사항 인식 → 전달 → RPA 수행 → 처리 결과 회신'순으로 진행됩니다. 각 순서대로 처리 내용을 살펴보겠습니다.

❶ 사용자 인증

RPA 서비스를 제공하기 위하여 사용자를 확인하는 절차가 필요합니다. 일반적으로 콜센터에서 진행되는 본인인증 단계를 거쳐 서비스 요청자를 확인할 수 있도록 합니다. 많이 사용하는 방식이 서비스 요청자가 미리 등록하여 놓은 사용자 비밀번호를 IVR^{Interactive Voice Response}을 통하여 확인하는 방식입니다. 만약에 서비스 요청자에 대한 적격 인증이 사용자 인증 단계에서 수행되지 않는다면 제공 업무는 사용자 권한에 구애받지 않는 서비스에 국한됩니다. 만약 사용자의 확인이 필요한 경우 사용자 인증처리는 RPA 업무가 수행하기 전에 완료되도록 하는데 불가피하게 RPA 처리 결과 전달 단계에서 확인하고자 한다면 사용자 인증 실패 시 작업 내용이 누출되지 않도록 합니다.

❷ 요청 사항 인식

서비스 요청자의 음성에서 RPA 서비스로 요청하려는 내용을 획득하는 단계입니다. 콜센터 시스템에서 획득한 서비스 요청자의 음성 파일을 대상으로 STT, TA 과정을 거치면서 요청 사항 인식 작업을 수행하게 됩니다. STT에서는 음성 파일을 텍스트 형태로 변환하는 작업을 수행하게 되고, TA에서는 텍스트로 변환된 자료에서 사용자 요청 사항을 분석하고 사용자의 의도를 파악하게 됩니다. 이러한 단계가 완료되면 최종적으로 RPA에게 요청하게 되는 서비스 요구 사항을 확인할 수 있습니다.

❸ 요청 사항 전달

요청 사항 인식에서 확인된 내용을 RPA 측에 전달하는 작업을 수행합니다. 시스템의 구성에 따라 전달 형식은 각기 다른 형식을 취할 수 있습니다. 음성인식 시스템과 RPA 시스템이 별도로 구성되어 있다면 API 등을 통하여 요청 사항을 전달하게 됩니다.

④ RPA 서비스 수행

음성인식을 통하여 전달된 사용자 요청 사항을 처리토록 합니다. 다수의 요청 건이 동시에 접수되는 경우 접수된 순서대로 처리하게 되는데 뒤에 접수되면 오랜 시간 기다릴 수 있습니다. 사용자가 서비스 요청 시점부터 결과를 얻는 시점까지 평균적으로 소요되는 시간을 사전에 안내토록 하고 평균 처리 시간보다 지연이 발생되는 사용자가 상황을 인지할 수 있도록 다시 안내할 방안을 마련합니다. 사용자에게 대기 시간을 안내하는 단계는 작업 의뢰를 시작하는 음성인식 시스템에서 제공하는 것이 좋습니다. 사용자는 작업을 의뢰하는 시점에 RPA 결과가 언제 나오는지 알 수 있다면 좀 더 만족감을 느낄 수 있습니다.

RPA 서비스 제공 시 작업량 예측을 통하여 사용자가 기대하는 작업 시간 내에 처리가 완료될 수 있도록 RPA 시스템 용량을 산정합니다.

⑤ 처리 결과 회신

RPA에서 처리한 내용을 서비스 요청자에게 회신하는 역할을 수행합니다. 서비스 요청자의 직원 혹은 고객 여부, 전달되는 결과물의 유형, 자료를 전달하게 되는 시스템의 특성에 따라 처리 결과를 전달하는 방식은 다양하게 구성될 수 있습니다.

만약 서비스 제공 내용이 해당 요청자의 금융거래 내역을 문서화하여 이메일로 전달하는 요청이라면 사전에 서비스 요청자가 등록하여 놓은 이메일 주소에 작성된 파일을 발송하는 것이 RPA 가 수행해야 할 작업이 됩니다.

02 음성인식을 활용한 RPA 서비스 제공 시 고려 사항

음성인식을 통한 RPA 서비스 제공에 있어 위험이 발생할 수 있는 것은 대부분 음성인식 단계에 있습니다. 예상할 수 있는 문제점들에 대하여 간단하게 살펴보겠습니다.

뒤에 나오는 안면인식과 동일하게 대부분의 부적합성과 구현의 제약은 사용자의 정당성을 확인하고 요청 사항을 처리하는 음성인식 소프트웨어 운영 단계에서 발생하고 있습니다.

① 요구 사항 오류 판정

첫 번째로 정확한 명령어^{즉 처리요청 사항}의 판독에 제약이 있습니다. 요구 사항을 잘못 이해하게 되는 사유는 여러 가지가 있지만 가장 영향이 큰 것은 음성인식 처리의 정확도 문제입니다. 사람의 언어를 분석하여 의도를 파악하는 데 가장 핵심이 되는 것은 주요 의미를 전달하는 명사와 동사의 판별입니다.

예를 들어, '홍길동에게 10만 원을 송금해 줘'라고 하는 명령을 수행하게 된다면 대상은 홍길동이 되고 동작은 10만 원 송금이 됩니다. 음성인식에서 가장 중요한 세 개의 키워드 중에 하나라도 정확하게 인식하지 못하였다면 RPA는 동작을 시작할 수 없거나 시작이 되었다 하더라도 요청되지 않는 처리가 수행되게 됩니다.

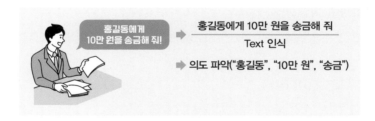

동일한 단어가 인식되어도 단어의 순서나 반복 등 여러 가지 선택적인 사항으로 인하여 사용자의 요청 사항을 판별하는 결과가 달라질 수 있습니다.

여기에서 재미있는 사실은 화자의 직업이나 성별, 사투리 등 많은 특성이 있어 실제로 인식률에 대한 차이가 발생할 수 있다는 점입니다. 또한 대화 상대 간 사용하는 용어 차이에 의하여 인식 수준에 차이가 날 수 있습니다. 특히 전문적인 용어를 많이 사용하는 직군의 경우 본인들이 쓰는 용어와 고객이 사용하는 용어 사이에 큰 차이가 있습니다.

당연히 정제된 직원 간의 음성인식이 좀 더 좋은 결과를 기대할 수 있습니다. 이러한 문제는 기술상의 문제도 있지만 입력되는 언어의 구성에도 영향을 받기 때문입니다.

음성인식을 활용한 RPA 서비스 제공을 준비하고 있다면 가장 중요하게 점검해야 하는 지표는 음성에 대한 최종적인 인식률이 되겠습니다.

음성인식을 많이 사용하는 콜센터 등에서는 음성인식의 결과를 고객의 불만 사항 파악, 고객이 관심 가지는 상품에 대한 마케팅 기회 획득, 상담품질 평가 등의 자료로 활용합니다. 해당 목적에 필요한 자료는 정확하게 인식된 자료만 가지고도 소기의 업무 목적을 달성할 수 있습니다. 하지만 특정한 RPA 서비스를 제공하는 것을 약속한 경우에는 명확하게 인식되지 않는 요청은 처리 불가의 대상으로 사용자에 대하여 오류 통보 등 별도의 사후 관리가 진행될 수 있습니다. 만약 인식되지 않았거나 오류 인식으로 인하여 요청 사항이 처리되지 않은 것을 방치하게 된다면 사용자의 불만 요소가 되는 동시에 업무 처리로 인한 금전적 손실이나 기업 평판의 위험 요소로 작용하게 됩니다.

음성인식 기술과 RPA를 결합하여 서비스를 제공하는 경우 작업을 실행시키고자 하는 명령문의 음성명령 정확성에 따라 그 성패가 좌우됩니다. 작업의 인식과 작업 인증자의 인증에 관련된 검증은 음성인식 파트에서 정확하게 수행될 수 있도록 합니다.

❷ 요청 후 지연 처리 발생

음성인식의 경우 챗봇 등과는 달리 수행할 작업을 인식하는 데 소요되는 시간이 다소 길어질 수밖에 없다는 점을 고려하여 서비스 제공 방안을 구성해야 합니다. 다시 말하자면, 챗봇을 활용한 서비스의 리드타임보다는 좀 더 긴 시간을 참아줄 수 있는 고객을 대상으로 서비스를 제공합니다.

● 서비스 소개

통신회사인 SK 텔레콤과 NH 농협은 협업을 통하여 NH 농협 뱅킹 앱에 음성 AI '누구'를 탑재하여 음성 뱅킹 서비스를 제공하고 있습니다. 2020년 5월에 음성송금 이벤트를 실시하였고, 지속적으로 서비스 확대를 계획하고 있다고 발표했습니다.

● 솔루션

SK 텔레콤의 음성 AI인 '누구'를 'NH올원뱅크' 앱의 메인 화면에 버튼으로 구현하여, 음성 또는 터치로 이용할 수 있도록 하였습니다. 음성으로 이용할 수 있는 기능은 송금과 메뉴 이동 등입니다. 이용자가 '아리아, 누구에게 송금해 줘'라고 하면 송금 서비스가 진행되고, '아리아, △△메뉴 검색해 줘'라고 하면 해당 메뉴로 이동하는 방식입니다.

● 특징

SK 텔레콤에 따르면 화면 터치 없이 오직 음성만으로 메인 화면에서 바로 송금 가능한 서비스를 제공하는 것은 금융권 최초라고 합니다. 기존 모바일 뱅킹 앱은 음성으로 AI를 부르는 '웨이크업 워드 Wake up word' 기능이 포함되지 않아, 음성 명령을 사용하기 위해서는 별도 메뉴로 진입해야 합니다.

출처 + 조선비즈(2019. 11. 27일자)

안면인식을 활용한 RPA 서비스

안면인식을 활용한 서비스도 음성인식과 마찬가지로 사용자 편의성 측면에서 가장 높은 점수를 받는 서비스가 될 수 있습니다.

안면인식Face Recognition은 CCTV나 핸드폰 내장 카메라 등 광학 인식 장비를 이용하여 사람의 안면 정보를 파악하고 등록 및 인가 여부를 분류하는 기술입니다.

안면인식을 활용한 RPA 서비스 제공은 사용자 인식 시점에 일어난 트리거를 바탕으로 고객이 원하는 RPA 서비스를 제공하는 것이 하나의 활용 사례가 될 수 있습니다. 고객은 내부 직원이 될 수도 있고, 외부 고객이 될 수도 있습니다. 어떠한 시점을 특정하여 해당 고객에게 미리 준비된 맞춤형 서비스를 제공할 수 있다는 강점이 있습니다. 안면인식을 활용한 RPA 서비스의 핵심은 안면인식 기술이라는 접근성을 제어하는 기술입니다.

01 안면인식의 활용 실태

안면인식 기술의 활용 범위는 시설물 출입 관리, 입출금 등의 금융 거래, 국내의 온라인 서비스 및 휴대폰 회사에서 제공하는 파이도FIDO 개념의 본인 인증 용도로 활용하는 등 계속적으로 그 범위를 넓혀 가고 있습니다.

안면인식의 대표적 활용 방안을 살펴보면 다음과 같습니다.

- 휴대폰에서 안면인식을 통한 잠금 해제
- 사내 출입 관리와 같은 기업 내 보안 도구로서의 활용
- 상품 대금 결제와 같은 상업 용도의 활용
- 범죄 예방과 같은 공공 보안과 관련된 활용 등

다양한 활용 방안과 더불어 안면인식을 사용하는 국가도 아래의 '안면인식 활용 세계지도'에서 보다시피 전 세계의 190여 개국에서 승인 또는, 사용하고 있는 매우 보편적인 기술로 자리매김하고 있습니다.

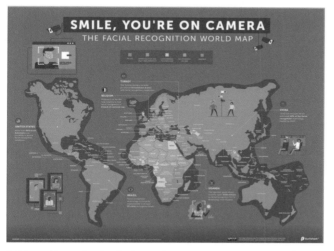

출처 https://www.visualcapitalist.com/facial-recognition-world-map/

용어정의 FIDO(Fast Identity Online)

FIDO(Fast Identity Online)는 아이디와 비밀번호 조합 대신 지문, 홍채, 얼굴 인식, 목소리, 정맥 등을 활용한 새로운 인증 시스템이다.　　　　　　　　　　　　　　　　　　　　　　　출처 + 용어로 보는 IT

02 안면인식을 활용한 RPA 서비스 제공 방안

안면인식을 활용한 RPA 서비스 제공 방안에 대하여 살펴보기로 하겠습니다. 다음 [그림 4-9]에서 안면인식을 활용한 RPA 서비스 제공 방안을 구성해 보았습니다. 서비스 흐름은 안면인식의 결과에 따라 사전에 정의된 RPA 서비스를 구동하는 방식을 구현할 수 있습니다. 각 단계별 내용을 살펴보겠습니다.

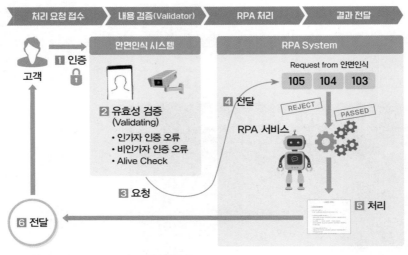

그림 4-9 안면인식을 활용한 RPA 서비스 처리 흐름도

❶ 사용자 인증

안면인식 시스템에 접속하기 전에 별도의 사용자 인증 절차가 있는 경우 해당 절차를 의미합니다. 출입 관리에 연동되는 경우 출입 키를 통하여 일차적인 사용자 인증이 진행될 수 있습니다. 안면인식만을 유일한 인증 수단으로 사용하게 된다면 유효성 검증에서 발생할 수 있는 오류로 원래 기획했던 의도와 달리 잘못된 서비스가 제공될 가능성이 있습니다.

금전이나 법률적인 문제점이 발생하게 되는 중요 서비스의 경우는 이러한 문제점을 제거하기 위하여 출입 키 점검이나 사용자 암호 인증 등의 추가 확인 절차를 사용합니다.

❷ 요청 사항 인식

안면인식으로 인식된 정보를 이용하여 안면인식 시스템의 등록 여부 및 식별을 진행하는 단계를 의미합니다. 안면인식 시스템에 등록되어 있는 사용자라면 정상적인 사용자로 간주되고 미등록자는 비인가 및 유효성 검증에서 탈락하게 됩니다.

유효성 검증 결과 여부에 따라 RPA 서비스를 구동시키게 되는데 인가자와 비인가자 모두에게 별도의 RPA 서비스를 제공할 수 있습니다.

안면인식을 활용한 RPA 서비스에서 정당한 요청에 서비스가 제공되었다는 것을 검증하는 것은 안면인식 시스템에서 담당하게 됩니다. 만약 안면인식 파트에서 서비스 요청의 정당성에 대한 점검이 제대로 이루어지지 않는다면 RPA 시스템 단독으로 리스크를 통제할 마땅한 수단이 없습니다. 안면인식을 활용한 RPA 서비스 기획 시 여러 부서에서 함께 작업을 진행하게 된다면 해당 리스크에 대한 정확한 인지 및 리스크 관리에 대한 명확한 정의가 필요합니다.

❸ 요청 사항 전달

인증과 유효성 검증 작업이 종료되고 나면 실제적으로 RPA에 요청할 서비스를 정의하고 전달할 수 있도록 서비스를 정의해야 합니다. 서비스의 종류는 크게 인식 성공과 인식 실패로 나누어집니다. 하지만 서비스의 종류를 좀 더 다양하게 구성하기 위해서는 인식 성공과 실패 두 가지 이외에도 장소, 시간 등 추가적인 사항을 더하여 서비스 형태를 구성할 수 있습니다.

그림 4-10 안면인식 결과에 따른 RPA 서비스 요청

현재로는 RPA와 안면인식 시스템이 함께 구성되어 있는 제품이 없기 때문에 두 시스템 간의 요청 사항 전달은 시스템 간에 데이터를 전달하는 일반적인 수단을 활용하게 됩니다.

가장 간단한 방법은 데이터의 전달 방식을 API 형태로 하여 안면인식 시스템에서 인식된 요청 정보를 미리 정의된 RPA 서비스에 전달할 수 있도록 하는 것입니다.

서비스 내용의 전달은 이외에도 여러 가지 다른 방식으로 구성할 수 있지만, 전달에 드는 시간이 서비스 요건에 부합되는지를 확인합니다.

④ RPA 서비스 수행

안면인식 시스템에서 요청받은 내용을 기반으로 RPA 프로세스를 수행하게 됩니다. 서비스를 원활하게 수행하기 위하여 RPA 서비스 요청 예상 건수를 바탕으로 로봇 규모를 산정하고 해당 서비스를 요구된 시간 안에 수행할 수 있도록 RPA 로봇의 수를 조정하도록 합니다.

⑤ 처리 결과 회신

RPA가 실행한 서비스를 전달합니다. 안면인식 서비스의 특징은 안면인식 시스템을 통과한 사람이 꼭 안면인식을 활용한 RPA 서비스의 활용하지 않을 수 있다는 점입니다. 만약 안면인식 대상이 되는 사람과 RPA 서비스의 최종 수혜자가 다른 경우에는 생체 정보의 활용과 관련한 법률적인 검토도 필요합니다.

그림 4-11 RPA 안면인식을 활용한 RPA 서비스 성공 사례

소소한 Tip ▸ **안면인식을 활용한 RPA 서비스와 환영 메시지의 2% 부족함**

안면인식을 통한 RPA 서비스 제공 방안에는 여러 가지 형태가 있습니다. 안면인식을 활용한 사례 중에 가장 효과적일 수 있는 것이 개인 맞춤형 서비스가 될 수 있습니다.

안면인식으로 인식된 사람에게 환영 인사를 하는 서비스를 기획한 적이 있습니다.

안면인식을 통하여 구동되는 여러 서비스에 더하여 부가적으로 준비했던 간단한 서비스지만 환영 메시지는 주요 인사에 전달되는 메시지였기에 시간에 맞추어 서비스가 제공되는 것이 중요합니다.

안면인식으로 인식된 해당 정보를 RPA로 전달하여 해당 인물에 대한 정보를 가공하여 환영 메시지로 전달하도록 되어 있는데 여기에서 가장 약점이 되는 부분이 인식 이후에 RPA 서비스를 제공하는 시간까지의 간격이 있다는 것입니다. RPA 소프트웨어의 특성에 따라 수분 이상이 걸릴 수도 있기 때문입니다.

이동 경로가 고정되어 있지 않은 공간에 VIP가 들어오는 경우에 환영 인사를 하는 프로세스를 제공했지만, 너무 짧은 시간만 들른 관계로 환영 메시지는 제대로 전달되지 못했습니다.

RPA 서비스가 가지는 공통적인 취약점인 리얼타임^{Real-time} 서비스가 어렵다는 점을 다시 한번 확인한 사례였습니다. RPA 서비스 기획에 있어서 RPA의 강점과 약점을 명확하게 인식하고 서비스를 기획하는 것이 중요합니다.

---

03 안면인식에 기반한 RPA 서비스 제공 시 리스크 관리 방안

앞선 요청 사항 인식 부분에서 미리 언급했지만, 안면인식 기반 RPA 서비스 제공 시 서비스를 받는 사람이 서비스에 대한 정당한 권한이 있는지를 확인하는 것이 필요합니다.

RPA 서비스는 서비스를 구성하는 또 다른 부분인 안면인식 파트에서 인식된 결과에 대한 정당성 검증이 매우 어려운 것이 사실입니다. 따라서 안면인식에 의한 RPA 서비스 제공 시에는 서비스 수혜자의 인증 및 제공 여부의 정당성과 관련된 일련의 리스크 관리 작업을 안면인식 서비스 제공 부분에서 확실하게 수행할 수 있도록 해야 합니다.

안면인식 시스템에서 RPA 서비스 구동 전에 안면인식 정보의 정확한 판별이 이루어져야 하는데, 인식 오류가 발생 가능한 다음의 유형들에 대한 주의 및 추가적인 보완 대책이 필요합니다. 이 책에서는 대표적으로 알려진 사항에 대하여 간략하게 살펴보겠습니다.

■ 일반적인 인식 오류

안면인식 시스템에서 인가자로 등록된 사람이 접근하였으나 인가자로 인지하지 못하고 거절하는 오류로서 안경을 착용하거나 화장이나 모자 착용 등의 사유로 인가자를 인식하지 못하는 오류가 발생합니다.

반대로, 인가자가 아닌 사람을 인가된 사람과 혼동하여 동일인으로 인정하는 오류로서 잘 알려진 내용으로는 일란성 쌍둥이의 경우 얼굴의 특징점의 유사도가 높은 관계로 비인가자를 인가자로 인식하거나 반대의 경우가 발생 가능합니다.

일반적인 '인식 오류는 안면인식 시스템의 성능에 따라 발생하는 정도가 다릅니다.

■ 얼라이브 체크 오류

인기 영화에서도 많이 보신 것처럼 비인가자가 인가된 사람의 얼굴을 도용하여 안면인식 시스템의 검증을 불법으로 통과하는 것을 막지 못하는 오류를 일컫습니다. 단순하게 평면 매체^{브로마이드나 카메라 사진} 등에 저장된 이미지를 안면인식 시스템의 인식 자료로서 제출 시 안면인식 시스템의 품질 수준이 낮은 경우 허용이 되는 오류가 발생할 수 있습니다. 이를 방지하기 위해서는 얼굴의 온도 감지, 얼굴 각도의 변화에 따른 입체적인 인식, 근거리 접근에 따른 인식 크기의 변화 등으로 제어하는 고도화된 인공지능 알고리즘의 적용이 필요합니다.

■ 기타 인식 오류

기타 인식 오류가 발생하는 경우는 다수의 인원이 동시에 안면인식 시스템 접근하여 안면인식 시스템이 처리 용량 초과가 발생하는 경우입니다. 최근의 특수한 상황으로는 COVID-19로 사람들이 마스크를 상시 착용하게 되어 안면인식 시스템이 정상적으로 작동하는데 걸림돌이 되고 있습니다.

안면인식을 활용한 RPA 서비스에서 정당한 요청에 서비스가 제공되었다는 것을 검증하는 것은 안면인식 시스템에서 담당하게 됩니다. 만약 안면인식 파트에서 서비스 요청의 정당성에 대한 점검이 제대로 이루어지지 않는다면 RPA 시스템 단독으로 리스크를 통제할 마땅한 수단이 없습니다. 안면인식을 활용한 RPA 서비스 기획 시 여러 부서에서 함께 작업을 진행하게 된다면 해당 리스크에 대한 정확한 인지 및 리스크 관리에 대한 명확한 정의가 필요합니다.

만약 안면인식으로만 서비스 제공의 정당성을 담보할 수 없는 경우에는 추가적인 인증 절차를 구성하여 복합적인 검증 방안을 마련합니다.

또 하나의 제약점은 안면인식에서 구분할 수 있는 작업 지시 정보가 매우 제한적이라는 것입니다. 사람의 얼굴에서 판단할 수 있는 감정이나 표정까지 포함하는 기술은 현재 구현이 되지 않고 있기 때문에 시간이나 인식된 장소 등 부가적인 정보와 결합한 매우 간단한 서비스 목록만이 생성 가능합니다. 이러한 제약점을 명확히 인식하고 새로운 서비스 모델을 구성토록 합니다.

04 안면인식에 기반한 RPA 서비스 활용 방안

안면인식 시스템과 결합한 RPA 서비스는 사람의 동선에 따른 선행적 작업을 처리할 수 있어 여러 형태로 응용된 편의 서비스를 제공할 수 있습니다.

현재 새로운 추세가 되는 초개인화에 필요한 안면인식과 자동화 서비스를 결합하여 새로운 서비스를 기획하게 됩니다.

앞선 [그림 4-11]에서 보듯이 고객이 사업장에 방문하는 상황에 해당 고객이 누구인지 정확하게 파악하여 맞이하는 일부터 해당 고객에게 필요한 서비스를 제공하기 위한 준비 작업까지 고객이 움직이는 시간 내에 처리할 수 있습니다.

안면인식 기술은 지문인식, 홍채인식 등과 같이 고객을 특정한 위치에 자리 잡도록 하고 특정한 동작을 수행하도록 요구하는 것을 최소화할 수 있어 편의성 측면에서 매우 우수한 기술입니다. 안면인식 기술과 여타 디지털 기술들과의 결합에 있어 RPA가 포함된다면 보다 독창적이고 혁신적인 서비스를 만들 수 있게 됩니다. 사용자 여러분의 뛰어난 상상력을 기대합니다.

챗봇을 활용한 RPA 서비스

챗봇과 RPA의 만남은 가장 인기 있는 신기술들 간의 결합이 될 수 있습니다.
기술적으로 쉬운 접근성과 사용자의 친숙함으로 많이 시도되는 영역입니다.

챗봇에 대한 관심이 높아지면서 챗봇을 활용한 RPA 서비스 제공에 기업들의 많은 관심과 시도가 있습니다.

사내에서 이미 챗봇 서비스를 활용하고 있는 경우에는 RPA 서비스를 챗봇에 연계하여 신규 서비스를 만드는 것은 간단한 작업만으로도 가능합니다.

먼저 챗봇이 무엇인지에 대하여 간략히 살펴보고, 챗봇과 RPA를 어떤 방식으로 연계하여 서비스를 제공하게 되는지 살펴보겠습니다.

01 챗봇의 이해

챗봇이란 채팅하듯 질문을 입력하면 인공지능[AI]이 빅데이터 분석을 바탕으로 일상 언어로 사람과 대화를 하며 해답을 주는 대화형 메신저를 지칭합니다.

❶ 챗봇의 유형

챗봇의 유형에는 버튼/메뉴 방식, 키워드 방식, 문자열 입력 방식 등 다양한 종류가 있고 특징별로 서비스 구성이 가능하지만 RPA 서비스와의 연결에 있어서는 RPA 서비스 목록과의 연결이 용이한 버튼/메뉴 방식 챗봇이 가장 무난합니다. 챗봇에서 RPA에서 가능한 서비스를 선택하고 이와 관련된 추가 정보의 입력이 필요한 경우 챗봇 화면에서 정보를 입력받아서 전달하는 단계까지를 고려할 수 있습니다.

구분	명령어 입력 정확도	특징
버튼/메뉴 방식 챗봇	탁월	구현이 쉽고 지정된 업무 처리에 효과적
키워드 방식 챗봇	우수	버튼 방식과 혼합 사용이 많음
문자열 입력 방식 챗봇	보통	인공지능과 머신러닝을 활용한 진보된 형태

표 4-1 챗봇의 유형별 특징

그림 4-12 챗봇의 사례(금융 및 유통업체)

② 챗봇의 성능 지표

챗봇의 성능 및 효과성이 챗봇과 결합된 RPA 서비스의 품질에 결정적인 요인이 됩니다.

여기에서 챗봇을 평가하는 지표로 쓰이는 내용을 간략히 살펴보겠습니다.

구분	내용	특징
MAU(Monthly Active User) DAU (Daily Active User)	월간(일간) 해당 챗봇을 사용하는 사람의 수	
CPS(Conversation Per Session)	1개의 세션을 유지하는 동안 챗봇과 사람이 주고 받은 문장의 수	
응답율(ResponseRate)	사람이 질문한 내용에 챗봇이 답을 회신한 비율	답의 정답이나 오답 여부 상관 없음
정확도(AccuracyRate)	사람이 던진 질문에 챗봇이 정확한 답을 회신한 비율	

표 4-2 챗봇의 성능 지표

위에서 MAU나 DAU의 경우에는 챗봇의 활용도를 나타내는 지표로 판단할 수 있고 효과를 좀 더 상세하게 살펴볼 수 있는 것은 'CPS, 응답률, 정확도' 세 가지 지표로 볼 수 있습니다.

CPS의 경우 챗봇의 성격에 따라 매우 편차가 클 수 있습니다. 예를 들어, 대화형이고 일상생활에 관해 대화를 하는 챗봇은 CPS가 많을 수밖에 없습니다. 신속한 업무 처리가 필요하거나 단순한 업무를 챗봇으로 처리하는 경우에는 CPS가 상대적으로 적을 수 있습니다.

응답률은 사용자가 질문한 사항에 대해 챗봇이 답한 비율로서 업무 범위가 어느 정도인지를 나타낼 수 있습니다. 비교적 정확하게 파악될 수 있는 지표라 할 수 있습니다.

마지막으로 정확도입니다. 정확도는 챗봇의 처리가 사용자의 질문 및 요청에 얼마나 부합하는지를 알려주는 척도로, 챗봇의 성능을 결정적으로 나타내는 결정적인 지표라 할 수 있습니다. 그러나 실제로 이 정확도를 측정하기는 쉽지 않습니다. 챗봇이 의도에 맞게 정확한 답변을 했는지 판단할 수 있는 주체는 서비스 제공자가 아니라, 그 질문이나 요청을 했던 사용자이기 때문입니다. 그렇기 때문에 정확도를 높이기 위해서는 사용자의 피드백 및 챗봇 답변 자료를 지속해서 분석하고 그것을 기반으로 정확성을 높여 챗봇의 성능을 개선해 나가야 합니다.

챗봇과 연계한 RPA 서비스 제공도 '사용자 인증 → 요청 사항 인식 → 전달 → RPA 수행 → 처리 결과 회신' 등 각각의 단계에 대한 업무 처리를 어떻게 할 것인지에 대한 설계 및 정확한 업무 분담이 필요합니다.

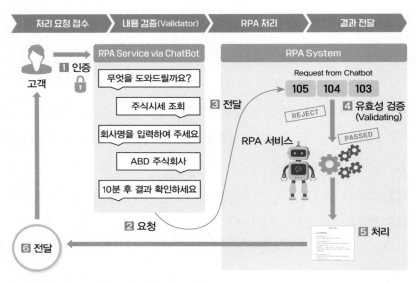

그림 4-13 챗봇을 활용한 RPA 서비스 처리 흐름도

챗봇을 통한 RPA 서비스 제공 절차에 대하여 각 단계별로 살펴보겠습니다.

❶ 사용자 인증

챗봇은 회사 내 서비스에 탑재된 경우가 일반적입니다. 챗봇 서비스 접속 시 사용자 인증 단계를 거치게 됩니다. 인증된 사용자 정보는 서비스 범위의 산정 및 처리 결과의 회신 대상을 결정하는 정보로 활용됩니다.

② 요청 사항 인식

챗봇 연계 RPA 서비스는 사용자가 챗봇에서 RPA 서비스 제공 사실을 인지하고 있는 상태에서 챗봇에 접속하는 것으로 시작됩니다.

■ 사용자의 요청 사항 파악

챗봇에서 RPA 서비스를 접수하기 위해서는 특정 메뉴나 키워드의 입력을 통하여 사용자의 요청 사항을 파악하는 작업을 진행하게 되고, 챗봇에서 사용자의 요청 사항을 파악하게 되면 이에 해당하는 RPA 서비스를 호출하는 동작을 실행하게 됩니다.

메뉴 방식이 아닌 경우에는 사용자가 입력한 내용에서 발생할 수 있는 오류에 대한 처리 방안이 고려되어야 합니다. 사용자의 요청 오류에 대한 신속한 대응은 불필요한 사용자 대기 시간을 감소시켜 서비스 만족도를 높이는 데 매우 중요한 역할을 수행하게 됩니다. 버튼/메뉴 방식의 챗봇은 서비스가 기정의된 메뉴 이외의 선택이 불가하기 때문에 오류 발생을 사전에 차단할 수 있습니다.

■ 사용자의 오류 요청 확인

사용자가 직접 요청 내용을 입력하는 경우 실수로 잘못된 요청 사항이 챗봇에 입력될 수 있습니다. 바로 오류임을 인식하지 못하면 RPA 프로세스에 잘못된 요청 사항이 전달됩니다. 사용자는 챗봇에 요청한 시점에 RPA 서비스가 시작되었다고 인지하기 때문에 이러한 오류가 발생된 사실을 나중에 통지하게 되면 사용자는 그때까지 의미 없는 시간을 소요했다고 생각하며 불만이 커질 수밖에 없습니다. 그리고 실제로 시간 낭비기도 합니다. 그렇기에 사용자 요청 사항의 오류를 즉시 점검할 수 있는 기능이 체계가 마련되어야 합니다.

예를 들어, 사업자등록번호를 입력하여 국세청 사이트에서 해당 기업의 휴폐업을 조회하는 경우에는 입력된 사업자번호를 점검하여 입력 오류인 경우 접수 단계에서 거절할 수 있도록 하는 것이 좋습니다. 만약에 RPA 프로세스 처리 도중에 오류 결과를 확인하고 나서 오류를 통지하게 된다면 사용자 입장에서는 시간 낭비와 함께 불만 요소가 커질 수 있습니다. 입력 내용에 관한 실시간 점검 기능의 적용에 대한 고려가 필요합니다.

❸ 요청 사항 전달

다음으로는 챗봇을 통하여 전달하는 데이터의 성격에 대한 정의입니다. 단 건의 단순한 정보 혹은 버튼을 통한 규정화된 데이터 전달은 매우 단순하게 구현할 수 있습니다. 만약에 버튼/메뉴형의 챗봇을 사용하고 있다면 고객이 선택한 메뉴에 연결되는 서비스 호출을 RPA에 전달하는 것으로 작업이 종료됩니다. 단순 정보 전달이 아닌 복잡한 데이터 전달이 필요한 경우 챗봇이 해당 데이터를 받아들이는 것과 전달하는 두 가지 사항에 대한 고려가 필요합니다. 먼저, 이미지나 파일 등 추가적인 정보를 전달해야 하는 경우에는 해당 정보를 챗봇에서 어떻게 받아들일 것인지에 대한 고려가 필요합니다.

다음으로는 챗봇에서 받아들인 복잡한 데이터를 어떻게 전달할 것인지 아니면 챗봇을 대신하는 다른 수단을 택하여야 하는지에 대한 고민이 필요합니다. 조금 전의 예를 살펴볼 때 대량의 사업자번호에 대한 조회가 필요한 경우 각각의 건에 대하여 사업자번호를 입력하는 방식으로 진행하는 것은 업무 처리에 많은 부담이 있습니다. 이것은 파일 전송을 통하여 쉽게 목적을 달성할 수 있기 때문에 여기에서는 파일 전송 기능을 챗봇에 탑재하는 문제가 대두됩니다. 물론 해당 회사에서 사용하는 챗봇에 파일 송수신 기능이 있다면 문제가 되지 않겠지만 해당 기능이 없는 경우에는 기능 추가에 대해 고민을 할 수밖에 없습니다. 회사별 상황에 따라 조금은 다를 수 있겠지만, 파일 송수신 등의 기능은 챗봇에 기본 기능으로 구현하기에는 어려운 점이 있기에 웹서비스나 다른 형태의 서비스로 제공하는 것이 바람직합니다.

❹ RPA 서비스 수행

챗봇에서 받아들인 서비스에 대한 RPA 서비스를 수행합니다. 챗봇을 사용하는 사용자 수와 서비스 요청 빈도를 고려하여 약속된 시간 내에 서비스가 수행될 수 있도록 RPA 로봇 배치를 합니다.

❺ 처리 결과의 회신

마지막으로 챗봇을 통하여 처리한 내용의 결과 확인입니다. 결과 전달이 어떠한 내용물로 있는 것이 아니고 단순히 작업의 처리 성공 여부에만 국한된다면 기존의 챗봇 채널을 활용하는 것도 좋을 수 있습니다. 다만 기존의 챗봇에서 RPA 서비스 요청 이후에 다른 작업을 했거나, 챗봇을 종료했다면 RPA 서비스 처리 결과를 직접 확인하는 것은 어렵습니다. 이러면 RPA 서비스 처리 결과에 대하여 별도로 확인할 방안을 마련하도록 합니다. 서비스 요청과 결과 전달을 따로 생각해야 하는 것은 RPA 서비스가 실시간으로 제공되기 어렵기 때문입니다. 처리 요구를 송부하는 즉시 처리 결과를 받을 수 있는 경우는 극히 제한적으로 사용자 요청 사항의 처리 결과를 별도로 전달할 방안을 수립합니다.

Lesson

06 웹서비스를 활용한 RPA 서비스

웹서비스와 챗봇은 RPA와 결합 시 그 유사성으로 선택을 고민하게 만드는 후보들입니다. 사내에 구축된 챗봇과 웹서비스의 기능에 맞추어 서비스 전략을 수립합니다.

01 웹서비스를 활용한 서비스 제공 흐름

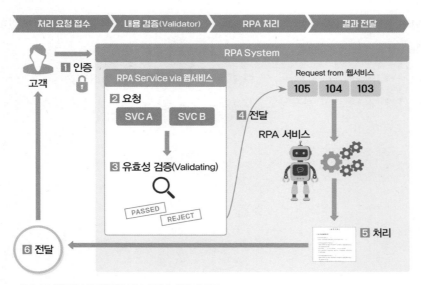

그림 4-14 웹서비스를 활용한 RPA 서비스 처리 흐름도

웹 서비스를 활용한 RPA 서비스 제공은 '사용자 인증 → 요청 사항 인식 → 전달 → RPA 수행 → 처리 결과 회신' 순으로 진행됩니다.

① 사용자 인증 웹서비스를 이용

웹서비스의 경우 회사 내 웹사이트에서 접속하게 됩니다. SSO^{Single Sign On} 혹은, 개별 웹서비스의 사용자 인증을 통하여 사용자의 인식 및 서비스 제공 범위를 특정 짓도록 합니다.

② 요청 사항 인식

웹서비스에서 RPA가 제공 가능한 서비스를 선택합니다. 챗봇과는 달리 별도의 웹서비스에서 RPA 서비스를 제공하게 되면 좀 더 직관적이고 유려한 화면 디자인을 제공할 수 있습니다. 요청 사항에 대한 인식도 서비스 제공에 맞추어 다양한 형태로 구성하게 됩니다. 구성 방식은 메뉴나 버튼 방식을 활용하여 제공하는 RPA 서비스를 표현할 수 있습니다.

③ 요청 사항 전달

웹서비스를 통해서는 전달되는 데이터의 양, 데이터 형태가 좀 더 다양하게 RPA 측에 제공될 수 있습니다.

④ RPA 서비스 수행

웹서비스에서 요청된 RPA 서비스를 수행합니다. 챗봇과 마찬가지로 사용자 수와 서비스 요청 건수를 감안하여 일정한 시간 내에 서비스가 제공되도록 RPA 로봇 배치를 수행합니다.

⑤ 처리 결과의 전달

RPA 처리 결과를 웹서비스 화면 혹은, 별도의 채널을 통하여 제공하게 됩니다.

챗봇을 활용한 RPA 서비스와 웹서비스를 활용한 RPA 서비스를 기획하는 시점에서 어떠한 차이점이 있을 수 있는지에 대하여 설명하겠습니다.

챗봇과 웹서비스 모두 RPA 서비스를 제공을 위한 요청을 받고 해당 요청에 대한 RPA 서비스의 처리 결과를 확인하고 결과물을 요청자에게 전달하는 식으로 업무가 진행됩니다. 그렇다면 사용자 입장에서 챗봇과 웹서비스 중에서 어떠한 방식으로 RPA 서비스를 제공하느냐를 선택하는 데 있어 고려해야 할 사항은 무엇일까요? 가장 중요한 것은 현재 해당 기업에서 가지고 있는 챗봇과 웹서비스 중 어느 쪽이 RPA 서비스에서 요청하는 기능에 적합한지 판단하는 것입니다. 양측 서비스 간의 비교점을 살펴보겠습니다.

❶ 서비스 채널의 편의성

챗봇이나 웹서비스와 같이 별도의 독립된 채널을 통하여 RPA 서비스를 제공하고자 할 때, 가장 먼저 사용자가 RPA 서비스를 요청하기 위하여 RPA 서비스 채널을 쉽게 발견할 수 있어야 합니다. 특히나 사내 시스템이 다양하고 수만 명 이상의 다수의 사용자가 여러 시스템을 사용하는 대기업의 경우 사용자가 해당 RPA 서비스를 찾아가는 수고를 덜어주는 것이 필요합니다. 사내에서 챗봇이나 웹서비스 중 어느 쪽이 수월하게 접근 가능한지가 고려 사항이 될 수 있습니다.

다음으로 서비스 연결의 안정성이나 데이터 입력의 편의성을 어느 정도 제공할 수 있는지에 대한 고민이 필요합니다. 일반적으로 챗봇 서비스는 개인인증 방식을 사용하고 서비스 요청 및 답변이 안정적으로 전달되는 연결이 지속되는 형태^{Connected Base}의 서비스를 제공하고 있습니다. 반면에 웹서비스는 일정 시간 사용을 하지 않으면 서비스 연결이 끊어지는 경우가 일반적입니다. 제공하려는 서비스의 특성을 이해하고 사용자 입장에서 가장 편리한 서비스를 선택합니다.

❷ 채널 내 실시간 검증 기능 제공 가능 여부

챗봇이나 웹서비스와 같이 RPA 서비스를 제공하는 채널에서 실제 RPA 서비스를 구동하기 전에 수행 요청 데이터의 정상 여부를 검증하는 것이 필요합니다.

서비스 요청을 수락하는 웹 서비스나 챗봇에서 사용자 입력 데이터가 제대로 검증되지 못하고 통과되어 실제 RPA 시스템 수행 시에 오류가 발생하는 경우가 많으면 사용자는 전체 RPA 서비스 채널의 효과에 대한 불신을 가지게 됩니다.

이러한 부분을 최소화하기 위해서는 사용자가 채널 서비스를 통하여 RPA 서비스를 요청하기 전에 해당 서비스 채널에서 효과적인 입력 데이터 검증이 필요합니다.

챗봇 서비스에서 입력된 요청값을 검증하려면 챗봇 엔진의 일부 수정이 필요할 수도 있습니다. 웹 서비스의 경우 RPA를 위하여 별도로 구축하는 경우 챗봇보다 좀 더 수월하게 실시간 입력 데이터 검증 기능을 제공할 수 있습니다.

❸ 기존 채널의 기능 적합성

RPA로 요청하는 서비스의 성격이 기존의 챗봇이나 웹서비스에서 구축되어 있는 기능에서 수용 가능한지를 판단하여 서비스 제공이 가능한 채널을 선택합니다.

합리적인 판단을 위해서는 RPA로 요청하는 서비스 요청 사항을 구분하도록 합니다. RPA 서비스가 단순한 처리로 종료되지 않고 처리 결과를 사용자에게 알려주어야 하고 다수의 요청 건을 동시에 처리하거나 비정형 문서의 처리를 위한 이미지 정보 등의 전달이 필요한 경우도 있습니다. 이러한 경우 기존의 챗봇 또는 웹서비스에서 기능 요구 사항을 수용 가능한지에 대한 검토를 거쳐 좀 더 적합한 서비스 채널을 선택하게 됩니다.

다음은 챗봇과 웹서비스 채널 간의 장단점을 비교하는 표를 간단하게 제시하겠습니다.

구분	챗봇	웹서비스	비고
접근 편의성	우수	보통	
실시간 검증 기능(단건/다건)	우수/부적합	우수/우수	
다건 목록 실행	보통	우수	
실행 후 결과 조회	부적합	보통	

표 4-3 챗봇과 웹서비스의 비교

사내에 두 가지의 서비스 채널을 모두 보유하고 있다면 서비스의 요청 형태 및 여건을 감안하여 RPA 서비스 채널을 결정합니다.

🚀 소소한 Tip⚡ 서비스의 융합과 컨시어지 서비스 제공

RPA와 결합하는 여러 디지털 기술들은 하나의 업체에서 제공하지 않은 경우가 대부분이고 또한 서비스의 전문 분야가 매우 상이한 경우가 있습니다. 이런 경우에 양측 서비스의 연결고리는 매우 단순해지고 서비스의 전체적인 측면을 조율하는 기능이 약해질 수 있습니다. 하지만 서비스를 받는 고객의 입장에서는 이러한 사유로 인하여 불편한 사항이 발생하는 것을 원하지 않습니다.

고객들이 가장 싫어하는 것은 얼마나 기다려야 하는지를 모르고 대기하는 것입니다. 만약에 챗봇이나 웹서비스 등 RPA와 융합하여 제공되는 기술들과 RPA 서비스 간의 전달되는 정보가 단순히 요청 정보로 한쪽으로만 국한되어 설계된다면 고객 입장에서 매우 불친절한 시스템이 될 수밖에 없습니다.

사용자가 서비스를 잘못 요청하는 경우 즉각적인 피드백을 제공하고 또 RPA 처리에 드는 시간을 예상하여 예상 대기 시간을 안내하고 마지막으로 작업이 끝난 시점에 신속하고 정확하게 결과물을 전달할 수 있도록 사용자 관점에서 서비스를 기획합니다.

Lesson 07 프로세스 마이닝을 통한 RPA 프로세스의 발견

프로세스 마이닝을 활용한 새로운 RPA 프로세스의 도출은 새로이 등장하는 RPA 응용 영역입니다.

RPA를 활용한 자동화 프로세스를 발견하는 방법은 기존에는 사람에 의하여 진행되어 왔습니다. RPA 적용 범위가 넓어지고 대상 프로세스가 증가하고 있는 현시점에서 업체와 사내 업무 담당자들은 RPA 적용 프로세스의 발굴을 보다 편리하게 할 수 있는 방안을 모색했습니다.

최근에 등장한 프로세스 마이닝 툴은 기록되어 있는 이벤트 로그를 분석하여 의미 있는 개선점을 찾아내는 것을 목적으로 하는 기술로서 RPA 적용 프로세스의 발굴 용도로 사용할 수 있는 훌륭한 도구입니다. 현재까지는 시스템의 개선 방안을 도출하는 것은 사람이 직접 시스템 로그 분석 작업을 통하여 수행하고 있었습니다. 하지만 기존 방식은 분석 작업을 수행하는 사람이 힘든 수작업을 감내할 수 있어야 하고 무엇보다도 해당 시스템의 높은 이해도가 없으면 수행하기 어렵습니다. 프로세스 마이닝 툴의 활용을 통하여 이 작업을 자동화하고 도식적인 정보를 통하여 사용자의 이해도를 높일 수 있습니다.

다음의 사이트에서 정의한 프로세스 마이닝은 회사 내 업무 시스템과 응용 프로그램을 이해하고 프로세스를 최적화하기 위하여 데이터를 분석하는 것으로 정의했고 이를 처리하는 단계는 다음과 같습니다.

- 최적화하려는 프로세스들과 연관된 데이터를 읽는다.
- 데이터를 분석이 가능한 이벤트 로그 형태로 변화
- end-to-end 프로세스를 문제점을 파악하기 쉽게 시각화

출처 https://www.uipath.com/rpa/what—is—process—mining

프로세스 마이닝 툴은 시각화된 정보의 제공을 통하여 프로세스 최적화 작업을 좀 더 수월하게 할 수 있도록 지원하고 있습니다.

그렇다면 RPA와 프로세스 마이닝은 어떻게 연결될 수 있는 것인가? 이 부분은 프로세스 마이닝의 활용 방법에 대한 간단히 살펴보고 난 이후에 언급하겠습니다.

RPA with Process mining

분석 시나리오	현상 분석	해결 방안 제시
• 단건/실행건 비교 • 시나리오건 비교	– 업무 중 다빈도 발생 – 잦은 시스템 에러 발생 – 업무 소요 시간 과다 – 동일 프로세스의 반복	■ 프로세스 개선 　– 해당 프로세스의 변경 　– 오류 수정 ■ RPA 프로세스화 　– RPA(기타 기술) 활용 　　한 개선
• 직원별 비교 • 업무 담당별 비교	– Conformance Check – 프로세스 이격도 – 프로세스 연관도	■ 사용자 교육 　– 베스트 프랙티스 전파 　– 화면 도움말 제공 　– 편의기능 제공

▶ 개선 작업 이후 모니터링 실시　　▶ 개선 작업의 일상화

그림 4-15 프로세스 마이닝 활용 개념도

01 분석 시나리오 작성

프로세스 마이닝의 첫 단계는 분석할 대상의 선정과 어떤 방식으로 프로세스 마이닝 작업을 진행할 것인지를 결정하는 것에서 시작하게 됩니다. 분석하는 대상을 이해하고 어떠한 방식으로 개선점을 발견할 것이냐를 판단하는 것이 가장 중요한 의사결정 사항이 됩니다.

프로세스 마이닝이 기업에 축적된 빅데이터를 분석하는 것에서 출발하기 때문에 업무를 이해하고 개선점을 찾을 수 있는 인사이트가 필요합니다. 이러한 사유로 프로세스 마이닝을 도입하여 분석 시나리오 작성 시에 비즈니스 전문가가 참여하는 것이 바람직합니다. 분석 대상이 단순히 하나의 시스템을 사용하지 않고 여러 시스템을 동시에 활용하여 작업을 진행하는 경우에는 각종 시스템의 특성 분석과 함께 분석하는 시스템 간 연결고리 구성 방법에 관한 논의도 필요합니다.

또한 이벤트 로그의 특성에 따라 잘못된 분석 결과가 도출되지 않도록 적정한 데이터 클린징 작업도 분석 시나리오에 포함해야 합니다.

02 현상 분석

프로세스 마이닝 활용에서 현상 분석의 결과로 제시되는 시각화 자료는 다빈도 발생 건과 베스트 프랙티스Best Practice와의 상이한 프로세스에 대한 정보로 구분할 수 있습니다.

먼저 다빈도로 발생하는 프로세스에 대한 개선점을 찾는 방법입니다. 다빈도로 발생하는 업무는 업무량이 많기 때문에 개선 효과가 매우 큽니다. 그러나 다빈도 업무가 무조건 개선의 대상이 되는 것은 아닙니다. 다빈도 업무 중 개선 가능한 사례 및 처리 방향은 다음과 같습니다.

- 다빈도 업무 중에 RPA 적용 가이드라인에 부합하고 실시간 처리가 필요하지 않은 경우에는 RPA 개선으로 진행합니다.
- 다빈도이고 실시간으로 처리가 필요한데 오류가 발생하는 경우가 많거나, 처리 시간이 긴 경우에는 처리 화면이나 처리 프로세스 개선으로 진행합니다.

위의 두 가지가 아닌 경우에는 다빈도 처리에 대하여 개선을 진행한다면 프로세스 리디자인이 선행되어야 합니다.

두 번째로 눈여겨볼 내용은 베스트 프랙티스 부분입니다. 특정한 업무를 수행하는 데 있어 개인의 역량은 업무의 품질 및 수행 시간에서 차이를 발생시킬 수 있습니다. 그렇기 때문에 회사 입장에서는 업무 능력이 뛰어난 우수 사원을 선별하여 해당 사원의 업무 방식을 다른 사람에게도 적용한다면 회사 전반의 평균적인 업무 역량 향상과 성과를 함께 높일 좋은 기회가 됩니다. 이와 같은 이유로 현상 분석을 통하여 가장 바람직하다고 여겨지는 베스트 프랙티스를 추출하는 작업이 시작됩니다.

> 프로세스 마이닝에서 고려해야 할 사항은 실제로 사람이 작업한 내용과
> 프로세스 마이닝에서 도출한 내용의 유사성을 입증할 수 있느냐의 문제입니다.
> 정확하지 않은 데이터 처리나 사용자의 미숙함으로 인하여 잘못된
> 베스트 프랙티스를 꼽을 수도 있다는 점을 간과하지 않으면 좋겠습니다.

여기에서 고민할 내용은 어떤 프로세스를 베스트 프랙티스로 선택할 수 있느냐의 문제입니다. 베스트 프랙티스는 기존의 프로세스 중에서 선택하게 되는데 그렇다면 기존의 프로세스가 베스트 프랙티스의 요건을 잘 갖추고 있는지 확인이 필요합니다.

베스트 프랙티스를 과연 프로세스 마이닝 툴에서 나오는 내용만으로 판단할 수 있느냐의 문제도 고려해야 합니다.

프로세스 마이닝 툴을 활용하여 현 시스템의 개선점에 해당하는 내용을 찾을 수 있다고

할 수 있지만 빈도나 처리 시간을 기준으로 하여 도출한 최적의 프로세스가 베스트 프랙티스라고 확정짓는 것은 업무적인 차원에서 추가 검증이 완료된 이후에 진행합니다.

사용자의 추가 검증이 필요한 이유는 프로세스 마이닝 툴에 대한 지식 부족, 프로세스 마이닝 툴의 분석 작업 제약 사항으로 잘못된 베스트 프랙티스를 도출할 가능성이 있기 때문입니다. 결론적으로 프로세스 마이닝 툴의 정교한 사용, 경험 많은 사용자의 노하우가 결합되어야 의미 있는 개선 사항 도출이 가능하고 이를 토대로 RPA 프로세스 적용을 진행합니다.

프로세스 마이닝에서 주요한 결과가 도출될 수 있도록 프로세스 마이닝을 활용할 때 유의하여야 할 사항을 살펴보겠습니다.

❶ 프로세스 마이닝 분석 시 유의 사항

프로세스 마이닝에서 주로 언급되는 다빈도와 업무 패턴에 대하여 분석 작업을 진행할 때 유의해야 할 내용을 살펴보겠습니다.

먼저 다빈도 건의 경우 다빈도 업무가 무조건 개선 대상에 포함되는 것은 아니라고 할 수 있습니다. 많이 일어나는 업무는 말 그대로 회사의 주요 업무일 수 있습니다. 그렇다면 해당 업무는 잘 정제되고 효과적으로 수행될 가능성이 높습니다. 우리가 살펴볼 수 있는 것은 다빈도 작업을 수행하는 데 있어 직원들의 업무 부담이 얼마나 되고 비효율적인 요소와 잦은 오류로 인한 어려움이 있는지를 추가적으로 확인해야 합니다. 만약 비효율적인 요소와 오류 발생이 적다면 단순히 작업량이 많기 때문에 개선되어야 한다는 것은 설득력을 가지기 힘듭니다. 이러면 업무의 개선이 아닌 해당 프로세스를 사람이 아닌 RPA 로봇이 수행할 수 있는지를 검토할 수 있습니다. 오류가 자주 발생하거나 처리의 비효율적인 방식이 발견된다면 기존 시스템의 개선으로 진행합니다.

다음으로 한 건의 거래로 종료되지 않고 여러 작업을 통하여 하나의 작업을 완료하는 시나리오 형태의 작업의 경우 프로세스 마이닝 툴에서 자료 분석을 통하여 도출되는 특정한 작업 절차를 베스트 프랙티스로 선정하게 됩니다.

베스트 프랙티스 선정 작업에서 발생할 수 있는 문제점과 또 그것을 어떻게 해결할 것인지에 대하여 알아보겠습니다.

첫 번째로 시스템 이벤트에 포함되지 않는 사람의 수작업에 분석이 누락되지 않도록 합니다. 프로세스 마이닝 데이터의 취약점은 하나의 작업을 처리하는 데 있어 다수의 시스템을 사용하기도 하지만 인력이 시스템을 사용하지 않고 수행하는 부분도 포함되어 있어 시스템을 사용하는 시간을 측정하는데 오류가 발생할 수 있는 소지가 많다는 것입니다. 예를 들어, 직원이 어떠한 시스템에 작업을 요청하고 작업이 끝났는데도 불구하고 다른 일을 하고 있어서 다음 시스템 거래까지의 시간이 길어지는 경우 실제로는 해당 시스템을 사용하고 있지 않지만 해당 시스템의 사용 시간에 포함되는 오류가 발생합니다. 이러한 오류 해석을 최소화하기 위해서는 작업자가 작업을 처리하는 데 필요한 요소들이 무엇이 있는지 또 작업을 처리하는 방식의 개인별 차이가 무엇인가에 대한 분석을 함께 수행합니다.

두 번째로 사내 시스템 별로 상이하게 작성되는 로그를 일련의 흐름으로 재구성할 수 있어야 합니다. 가령 하나의 작업을 처리하면서 여러 개의 시스템을 활용하는 경우 해당 처리가 연속적으로 진행되고 있다는 것을 확인할 수 있도록 연결시켜 조회가 가능케 하는 고유의 키 값이 확보되어야 합니다. 만약 이것이 어렵다면 실제적으로 시스템 간의 연계 작업에 대한 정확한 분석이 어려운 경우가 발생합니다. 고유의 키 값이 확보되었더라도 시스템별 로그를 생성하는 방식이 상이한 경우가 있는데 이를 어떤 기준으로 통합하여 유효한 일련의 로그를 만들 수 있느냐가 최종 결과의 효과를 결정짓는 가장 중요한 분석 작업이 됩니다.

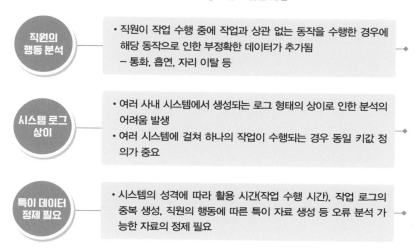

그림 4-16 프로세스 마이닝 사용 시 유의 사항

세 번째로 프로세스 마이닝 활용 시 가장 중요한 것은 오류 판독을 막을 수 있는 데이터 클린징 작업의 필요성입니다.

중복된 로그의 제거나 분석 오류를 발생시킬 수 있는 데이터의 정제도 분석의 정확도를 높이기 위한 수단입니다. 시스템에 따라 동일한 작업에서 다수의 로그를 생성하는 경우가 있는데 이러면 데이터의 처리량이 실제 건수보다 과다하게 부풀려지는 분석 오류가 발생하게 됩니다. 다른 하나는 프로세스 마이닝 활용 시 시간에 대한 부분을 많이 고려하게 되는데 실질적으로 프로세스 마이닝 소프트웨어에서는 해당 시스템에서 작업한 시간에 대한 데이터가 나오기 힘든 부분이 있습니다. 가령 하나의 화면에서 처리를 시작한 작업자가 시스템 작업을 멈추고 다른 일을 하는 경우^{개인적으로 전화를 받거나 휴식 시간을 가진 경우} 해당 시간에 대한 측정이 불가능합니다. 이런 시간 자료가 포함된 이벤트 로그에 대하여 어떻게 처리할 것인지 고민하지 않고 자료에 저장되어 있는 데이터 그대로 처리 시간을 계산하게 된다면 업무 처리 시간이 심하게 왜곡된 분석 결과가 도출될 수밖에 없습니다. 이러한 오류는 사용자의 경험에서 걸러져야 하기에 경험이 많은 사용자가 오류 데이터 정제 작업에 참여하여 적정한 선행 처리를 진행합니다.

마지막으로 정상 거래와 오류 거래에 대한 비율 분석도 필요합니다. 오류 거래를 별도로 분리하여 살펴보면 유사한 작업 대비하여 유난히 오류 비율이 높은 프로세스를 발견할 수 있습니다. 실제 작업에서 오류의 문제가 발생하는 경우는 대다수가 직원의 실수로 인한 오류가 발생하는 경우이지만 사용자의 실수를 예방할 수 있도록 시스템을 개선하게 되는 것은 또 다른 개선 포인트로 삼을 수 있기 때문입니다.

03 해결 방안 제시 및 수행

프로세스 마이닝을 통한 분석이 완료되었으면 발견된 문제점을 해결하기 위한 개선 작업이 수행되어야 합니다. 프로세스 개선 작업의 수행 방향은 기존 프로세스의 변경, 사용자 교육, RPA 프로세스화의 세 가지 방안으로 나뉠 수 있습니다.

❶ 해당 프로세스의 제거/변경

해당 프로세스의 제거 혹은 변경은 운용 중인 시스템에서 해당 프로세스를 제거하거나 시스템적인 개선을 통하여 이루어질 수 있습니다. 특히 오류 로그의 분석을 통하여 잦은 오류를 발생하는 지점의 프로세스 변경은 매우 유용한 결과를 가져옵니다.

❷ 사용자 교육

사용자 교육은 새로운 것을 가르치는 것도 있지만 프로세스 마이닝의 활용 측면에서는 오류가 발생하지 않는 방법이나 일을 잘하는 직원의 업무 방식에 대한 교육을 하는 것을 의미합니다.

여러 건의 프로세스를 순차적으로 진행하는 시나리오 형태의 작업의 경우 가장 효과적으로 일을 처리하고 있다고 판단되는 베스트 프랙티스를 도출하여 동일 작업을 하는 직원들에게 전파하도록 하여 효과적인 작업 수행이 될 수 있도록 합니다.

작업 중 오류가 자주 발생하는 프로세스는 개선 작업의 진행과 함께 해당 작업에 대한 사용자 도움말을 제공하여 직원들이 해당 프로세스에 대한 이해도를 높일 수 있도록 관리합니다.

❸ RPA 적용 및 모니터링

마지막으로 본 도서의 목적이 되는 RPA 프로세스화 부분은 도출된 항목을 기준으로 하여 RPA 프로세스화 작업을 수행하게 됩니다. 프로세스 마이닝의 처리 단위와 RPA 프로세스의 처리 단위가 상이한 관계로 개략적으로 도출된 작업을 기반으로 RPA 상세 요건을 작성하는 작업을 수행하게 됩니다. 여기에는 사용자의 요건 정의 작업이 수행됩니다. 다시 한번 강조하자면 숙련된 프로세스 마이닝 툴의 활용과 함께 분석한 내용을 RPA 프로세스화 또는, 시스템 개선으로 연결시킬 수 있는 경험 많은 RPA 관리자의 역할이 중요합니다.

04 개선 후 모니터링

개선된 RPA 프로세스가 적용된 이후에는 다시 한번 프로세스 마이닝을 통하여 해당 문제점이 개선되었는지를 모니터링하는 단계를 진행하는 것이 효과적입니다.

프로세스 마이닝은 현재 굴지의 RPA 소프트웨어 업체에서도 새로운 기능으로 추가하고 있으며 향후 RPA와의 연관성이 더욱 높아질 것으로 예상됩니다. RPA 대상 프로세스를 사람이 발굴하는 것이 아닌 프로세스 마이닝 툴로 선택하자는 발상도 앞으로 계속적으로 이어질 것으로 예상됩니다.

프로세스 마이닝 툴의 사용은 앞으로도 더욱더 많아지면서 프로세스 마이닝을 활용하여 기존 시스템의 개선점을 찾는 새로운 RPA 직종이 생겨날 수도 있겠다는 상상을 더 해보게 됩니다.

RPA를 활용한 데이터 크롤링

데이터 크롤링으로 수집한 자료와 목적별 시스템에 입력 처리하는 RPA와의 만남은 시너지 효과를 기대할 수 있습니다.

데이터 크롤링이란 뉴스, 웹, 기타 정보를 수집하는 것을 말합니다. RPA와 연계하여 서비스를 발굴하는 주제에서 데이터 크롤링도 자주 언급되고 있습니다. 결론부터 말하자면 데이터 크롤링에서 RPA를 활용하는 경우에 데이터 크롤링을 통하여 취득된 데이터들을 정보화해서 입력 혹은, 기타 자동화 처리 작업이 있는 경우에 효과적일 수 있다는 것입니다. 순수하게 RPA를 이용하여 데이터 크롤링만을 수행하는 경우에는 효과적인 모델이라 하기에는 어려운 점이 있습니다.

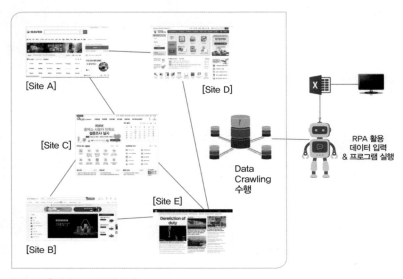

[그림 4-17] 데이터 크롤링의 정의

데이터 크롤링을 하게 되면 수많은 사이트를 돌아다니며 데이터를 수집하고, 해당 자료를 가공하는 업무를 수행하게 됩니다. 이러한 유형의 업무 특성상 매우 많은 사이트에 대한 핸들링이 필요하게 되는데, 이를 RPA로 구현하는 것은 효과적인 선택이라 하기 힘듭니다. RPA 소프트웨어는 대상 화면이 변경되는 경우에 프로세스의 수정이 필요합니다. 데이터 크롤링에서 수행하는 수많은 사이트를 관리하거나 신규 사이트를 탐색해야 하는 업무가 주어지는 경우 RPA가 직접 처리하는 것은 유지 보수 측면에서 커다란 부담으로 돌아오게 됩니다. 효율상의 이유로 데이터 크롤링은 전문적인 크롤링 소프트웨어를 사용하게 됩니다.

전문적인 데이터 크롤링 소프트웨어를 사용하는 또 다른 장점은 속도의 문제라 할 수 있습니다. 전문적인 데이터 처리를 통하여 이미지나 기타 추가적인 정보를 빠르게 처리할 수 있어서 RPA보다 더욱더 효과적이라 할 수 있습니다.

RPA를 활용한 데이터 크롤링을 추진하게 된다면 전문적인 데이터 크롤링 소프트웨어를 사용하여 수집된 정보에 대하여 분석 및 사내외 시스템으로의 데이터 입력 등을 활용할 수 있는 강점을 찾을 수 있습니다. 이외에도 데이터 크롤링 소프트웨어의 구동, 사내외 시스템과의 연결 및 구동, 데이터 전달, 이미지 처리 시스템 연결 등의 기능에 주안점을 두어 사용하는 것이 바람직합니다.

최근에는 데이터 크롤링과 관련한 법적인 이슈 사항도 심심치 않게 제기되고 있습니다. 모 기업에서 데이터 크롤링으로 수집한 특정 경쟁 기업의 정보를 자신들의 정보로 자산화하여서 문제가 되었다는 내용입니다. 여기에서 문제가 되는 것은 로봇이나 자동화 프로그램을 활용하여 특정 기업에서 오랫동안 공을 들여 만들어 놓은 데이터를 그대로 복사한 것입니다. 기술의 급속한 발전에 따라 사용자가 새로운 기술을 어떠한 목적으로 사용하는지에 대한 목적성도 서비스의 타당성 검토 시에 포함되어야 하는 항목이 되었습니다.

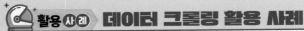

데이터 크롤링 활용 사례

+ 서울형 뉴딜 일자리 인공지능(AI) 학습 데이터 구축 사업 완료 +

● 사업 개요

서울 시민과 민간 기업 간 인턴십 매칭을 통해 공공 및 국내 기업이 필요로 하는 AI 학습 데이터를 구축하는 사업

● 사업 내용

서울숲 공원의 식물 이미지 학습 데이터 및 서울시 공원 지역의 식물 이미지 학습 데이터, 식물 특성 정보 크롤링 데이터부터 스마트시티 도시 관리용 시설물 및 정적 객체 위치 및 사진 데이터, 재난재해 상황 판단 지원을 위한 영상 분석 학습 데이터 및 마스크 영상 데이터, 연기smoke 영상 데이터, 부동산 관련 공공 데이터등기부등본, 건축물대장, 토지대장 등, 서울시 홈페이지 민원 내용 중 '서울시에 바랍니다.' Text 데이터 등 AI 기술 개발에 필요한 다양한 학습 데이터를 축적함

● 특기 사항

서울시 '서울형 뉴딜 일자리 인공지능AI 학습 데이터 사업'으로 17개 참여 기업이 구축한 데이터 수집 및 가공 서울형 뉴딜 인공지능 학습용 데이터 구축 사업은 민간의 데이터 수요와 지자체의 공익이 합치된 성공적인 사업으로 평가됨

출처 + 디지털타임즈(2020. 12. 30일자)

Lesson 09 포스트 코로나 이후 비대면^{언택트} 시대의 RPA

비대면 시대가 진전됨에 따라 기업 내 백오피스의 역할은 점점 커지고 이를 지원하는 RPA 영역 또한 함께 성장할 것으로 예상됩니다. 중소기업을 위한 RPA는 공유 혹은, 구독형 서비스에 기반하여 영역을 확대하는 것이 방법이 될 수 있습니다.

01 언택트 시대의 도래에 따른 백오피스 업무량 증가 예상

COVID-19로 인하여 재택근무가 활성화되고 고객들의 현장 방문이 줄어들 것으로 예상합니다. 비대면 거래가 많아지는 경우 일반적으로 회사에서 백오피스 업무가 증가하게 됩니다. 백오피스로 업무가 집중된다면 업무 수행 인원에 대한 이슈가 필연적으로 발생하게 됩니다.

업무량이 줄어드는 프런트 오피스에 있는 인력을 백오피스로 이동 배치할 수도 있지만, 이는 단순히 인력의 재배치에 한정된 것으로서 진정한 업무 효율화로 보기가 어렵습니다. 프런트 오피스의 인력을 마케팅 업무 등 본연의 업무에 활용함으로써 기업의 경쟁력을 높이는 동시에 백오피스에서는 사람이 아닌 로봇을 활용하여 업무 방식을 변화시키는 것이 효과적으로 판단됩니다. 이런 사유로 인하여 백오피스의 RPA 수요는 점점 더 늘어날 것으로 예상됩니다.

소규모 기업을 위한 RPA 시장 확대는 새로운 도전 과제가 될 것으로 예상됩니다. 소규모 기업의 경우 자체적인 시스템 운영, 개발 등을 수행하기에는 한계가 있을 수밖에 없습니다. 그렇기에 중소규모의 회사들은 해당 서비스를 클라우드 방식의 RPA를 통하여 해결하거나 동종 업종에서 이미 널리 사용되고 있는 RPA 서비스를 공동으로 활용하는 것이 바람직하다고 생각됩니다. RPA 시스템을 운영하는 경우 실질적인 인력 비용보다 적을 수 있지만, 개발에 드는 초기 비용과 유지 보수에 투입되는 비용을 감당하기 힘든 부분이 있기 때문입니다.

이를 최소화하기 위하여 공동으로 사용할 수 있는 범용성 있는 RPA 서비스의 사용을 방안으로 생각할 수 있습니다. 같은 업종에서 비슷한 업무를 진행하는 경우에는 표준화된 프로세스로 도출하여 해당 서비스를 먼저 작성한 후 다음에 사용자를 모집하는 방식의 서비스가 되어야 할 것으로 생각합니다.

아직은 이러한 시장들이 크게 활성화되지 않았지만, 일부 기업에서는 Bot-Store라는 형태로 가장 많이 사용하는 기능들에 대하여 바로 사용할 수 있도록 제공하고 있습니다.

아직은 각 산업별 특성에 대한 이해와 좀 더 업무 친화적인 서비스가 필요하지만, 수작업에 대한 효율화가 절실한 기업의 수요를 중심으로 점점 해당 서비스가 발전해 나갈 것으로 예상됩니다.

Automation Anywhere 사의 Bot Store

BUSINESS PROCESS	CATEGORIES	APPLICATIONS
Customer Server & Support	Artficial Intelligence	ABBYY
Finance & Accounting	Banking And Financial Servies	Acrobat
Human Resources	Cognitive Automation	Adobe
Information Technology	Collaboration	Ansible
Inventory Management	Collaboration	Atlassian
Legal	Healthcare	Automation Anywhere
Manufacturing	Horizontal	Avaya
Marketing	Insights	AWS
Operations	Productivity	Azure
RPA Development	RPA Developer Toots	BambooHR
Sales	Securhtg	Bing
Shipping & Distributions	Utility	BiBucket
Software Development		BMC
Supply Chain Management		Bot Insight
Tax		

그림 4-18 오토메이션 애니웨어의 봇 스토어(샘플)

다음으로 구독 서비스와 같이 사용자가 금전적인 부담을 좀 더 적게 가질 수 있도록 하는 서비스의 출시입니다. 소규모 기업에서 특정 시기에 집중되어 있는 단순 작업소득신고 또는 사내 경비 영수증 처리 등에 일손이 부족한 시점에 활용할 수 있는 구독 서비스도 생각해 볼 수 있습니다.

또한 직관적인 도구를 제공하는 RPA 소프트웨어를 이용하여 사용자가 직접 단순한 RPA 서비스를 개발하는 것도 하나의 방법이 될 수도 있습니다. 최근에 등장하고 있는 셀레니움 등 초단순한 RPA 서비스의 출현은 중소규모의 회사를 위한 저비용 RPA에 대한 필요성에서 시작되었다고 할 수 있습니다.

향후에는 중소기업을 위한 일반적인 RPA 서비스를 제공하는 기업이 더욱 늘어날 것이고 이에 따른 수요도 지속적으로 증대될 것으로 예상합니다.

✦ 국세청 홈페이지를 이용한 사업자 휴폐업 정보 조회 ✦

현재 가장 인기 있는 언어인 파이썬Python에 포함된 무료 RPA 소프트웨어 라이브러리인 pyautogui를 활용하여 금융권에서 많이 구현된 프로세스를 구현했습니다. 대출 취급 시 사업체의 휴폐업 정보를 국세청 사이트에서 조회하고 해당 결과를 이미지로 저장하는 프로세스입니다.

[Python 소스]

```
1.   import pyautoguias py
2.   import time
3.
4.   # 화면 디스플레이 설정값 확인
5.   print(py.size())
6.   # 데이터를 입력할 위치로 마우스 포인터를 이동
7.   # 1920 * 1080 size 기준
8.   py.moveTo(550,450,2)
9.   # 해당 위치를 클릭한다
10.  py.click()
11.  # 조회하고자 하는 사업자 번호를 입력한다
12.  py.write('123-45-67890')
13.  # 조회 버튼 위치로 마우스 포인터를 이동
14.  py.moveTo(1500,450,2)
15.  # 해당 위치를 클릭한다
16.  py.click()
17.  # 회신이 늦어 결과가 나오기 전에 스크린샷이 수집되지 않도록
     # 2초를 기다린다
18.  time.sleep(2)
19.  # 결과 화면을 스크린 샷을 저장한다
20.  im= py.screenshot('Closure.png')
```

Lesson 10 RPA의 필요성 및 향후 발전 방향

RPA는 필수가 아니지만 잘 사용할 수만 있다면 왜 사용을 안 하는지 반문하게 됩니다. RPA 기반 신규 디지털 서비스는 계속 만들어질 것입니다.

RPA를 선택해야 하냐는 질문을 받게 된다면 우선은 RPA가 필수적이지 않다는 말부터 언급할 수밖에 없습니다. 그렇다면 RPA를 활용해야 할 당위성을 함께 찾아보겠습니다.

01 RPA 활용을 통한 기업 경쟁력 향상

RPA는 기존 시스템을 기반으로 하되 RPA 활용을 통하여 부가적인 가치를 창출하는 수단이 될 수 있지만 물론 수작업 또는 기존 시스템 활용단계에서 바로 전산화 작업으로 갈 수도 있지만 무조건적으로 사용하여야 하는 필수 불가결한 요소라고 할 수는 없습니다.

하지만 새로운 사무자동화 도구로서 최초 도입 시의 시행착오를 최소화하여 효과적으로 RPA를 운용할 수 있다면 왜 도입하지 않냐고 반문할 수 있습니다. RPA를 사용함으로써 기대되는 업무 효율성 증대가 경쟁이 치열한 기업 환경에서 기업에 부가가치를 창출할 수 있는 든든한 지원군으로 자리매김할 수 있기 때문입니다.

효과적인 RPA 도입을 진행하려면 무엇보다 RPA 경험자의 역할과 전문성이 중요하다고 할 수 있습니다. 사내에 RPA를 효과적으로 이끌 수 있는 역량이 있어 적절한 RPA 업무를 선정하였다면 RPA를 활용하는 것은 기업의 경쟁력을 높이기 위하여 꼭 필요한 요소라 할 수 있습니다. RPA는 앞으로도 발전을 거듭하면서 다른 여러 디지털 기술과의 융복합을 통하여 우리 곁을 지키게 될 것입니다.

02 RPA 서비스는 대상이 아닌 도구로 변화

향후 몇 년 이내에 기업에서의 RPA 도입은 새로운 뉴스거리로 다루어지지 않을 것입니다. 그렇지만 RPA라는 수단을 십분 활용하여 사용자가 창의적인 아이디어를 더하게 된다면 경쟁력 강화는 물론 완전히 새로운 개념의 신규 서비스 창출도 가능합니다. 이러한 수준 높은 서비스나 업무의 구현을 통하여 기업은 보다 경쟁력 있는 위치에 도달할 수 있게 됩니다. 앞으로 RPA는 더는 도입을 목표로 하는 호기심의 대상이 아닌 새로운 서비스를 만드는 데 도움이 되는 도구로서 역할을 수행하게 될 것입니다.

마지막으로 이 책을 읽으시는 분들의 기업에서 올바른 가이드를 활용하여 성공적인 RPA 프로젝트를 수행하기를 기원하면서 다음의 내용으로 마무리하겠습니다.

> **Tip⚡** RPA와 같은 기술Technology에 사용자의 혁신적인 아이디어Idea를 더하면 놀라운 업무 성과 Performance를 거둘 수 있습니다.

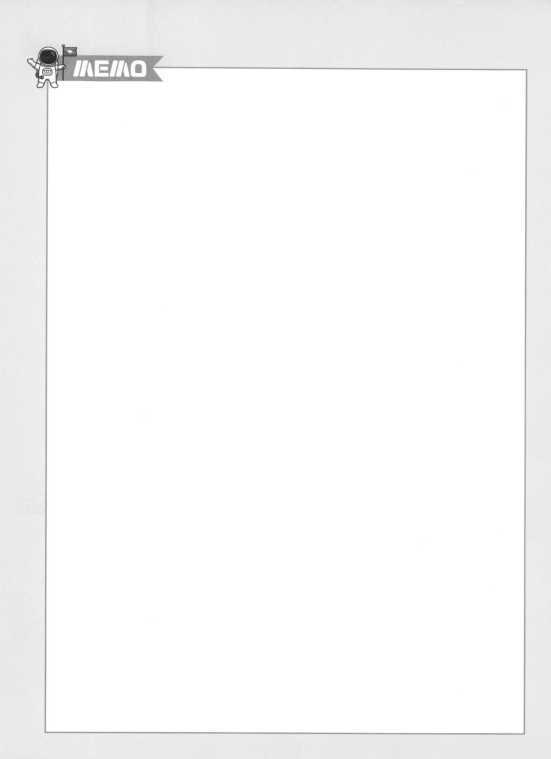

MEMO

참조

01 국내 RPA 업무에 대한 통계 자료

이 책에서 논의된 내용들에 대하여 RPA 사용 회사들이 어떻게 대응했는지에 대한 통계 자료와 해외 자료를 살펴보겠습니다.

RPA 도입 전략과 관련된 내용에 대한 자료입니다.

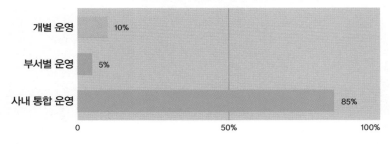

RPA 로봇 운영 방식
RPA 로봇의 배치 및 운영 방식에 대한 회사별 분포도

규모가 클수록 사내의 통합 환경이 일반적입니다. 통합 운영 장소는 데이터 센터가 일반적입니다.

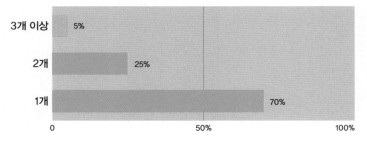

RPA 로봇 소프트웨어
사내에서 사용 중인 RPA 로봇 소프트웨어의 개수

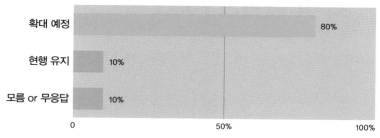

RPA 확산 계획
향후 사내에서 사용 중인 RPA 로봇 업무의 확대 여부

아래의 해외 통계 4번과 유사하게 국내 사용자의 80% 정도가 향후 RPA 서비스를 확대할 예정입니다.

핵심가치를 보여 주는 9가지 RPA 관련 통계

1. 산업으로서 RPA는 폭발적으로 성장하고 있다. 포레스터Forrester에 의하면 RPA 산업이 2016년도 2억 5천만 달러에서 2021년도에 29억 달러로 성장할 것으로 예측

2. 그랜드뷰 리서치Grand View Research는 2017년 3억 5천만 달러에서 2025년 31억 달러로 성장할 것으로 예측

3. 딜로이트의 연래 RPA 설문 조사에 의하면 53%의 응답자가 RPA 여정RPA journey을 시작하고 있다고 응답

4. 현재 RPA를 사용하고 있는 기업의 응답자 중 78%가 향후 3년 이내에 좀 더 많은 투자를 할 예정임

5. 딜로이트는 이러한 추세가 계속되면 5년 이내에 전 세계적으로 RPA 시장이 확대될 것으로 예상

6. 조사에 응한 대상자들은 RPA가 컴플라이언스, 품질, 정확도, 그리고 비용 절감 측면에서 그들의 기대를 뛰어 넘는다고 응답

7. 딜로이트에 의하면 흥미롭게도 RPA를 사용하는 조직에서 직원들의 저항은 17% 불과하다고 함

8. 그렇지만 RPA 시장의 확대 노력과 성장세에도 불구하고 아직도 규모는 도전 요소임 RPA 사용하는 3%만이 50대 이상의 로봇을 운영하고 있음

9. SSCON이 수행한 사례 연구에서 RPA의 확장성은 타의 추종을 불허함
   - 로봇 워크포스는 제품 출시 전에 요청에 의하여 즉시 두 배로 확대할 수 있음

▲ 출처 https://blog.walkme.com/9-robotic-process-automation-statistics/#heres-the-gist

RPA 관련한 FAQ

RPA 초기 도입을 고려하거나 경험이 많지 않은 회사의 담당자들이 많이 문의하는 내용에 관한 FAQ입니다.

① RPA로 업무를 하면 위험하지 않나요? 어디까지 업무를 구현해야 하나요?

RPA 처리 범위에 대한 제약은 각 회사별 업무 리스크에 따라 달라질 수 있다고 생각합니다. 또한 각 회사의 RPA 사용 수준과도 밀접한 관계가 있습니다. 무엇보다 리스크 관리를 어떻게, 어느 수준까지 통제하고 있느냐에 달려 있는 문제입니다. RPA 업무에서 발생 가능한 리스크를 정교하게 제어할 수 있다면 금전적이나 법률적 리스크가 있는 업무라도 충분히 수행할 수 있습니다. 다만 이러한 부분은 사람과의 협업을 통하여 이중 삼중으로 오류 발생 요소를 점검하고 사전에 예방할 수 있는 체계를 먼저 수립하는 것이 필요합니다.

결론적으로 RPA 사용 스킬의 완성도, 회사의 정책, 업무 오류 점검 체제의 구축 정도에 영향을 받을 수밖에 없습니다.

② 사용자의 만족도는 높은가요?

RPA는 사용자 만족도를 즉각적으로 확인할 수 있는 소프트웨어라고 생각합니다. 사용자는 단순 반복적인 작업을 떨쳐내고 또 지루한 작업에서 발생하는 오류 사항에서 벗어날 수 있습니다. 개인적으로 야근의 부담에서 벗어날 수 있는 장점이 있습니다. 무엇보다도 업무 시간이 줄어드는 것보다 좀 더 생산성이 높은 업무에 몰두할 수 있다는 것을 성과로 꼽을 수 있습니다. 하지만 단순 반복 작업을 좋아하는 사람도 있을 수 있습니다.

이런 부분은 조직적인 차원에서 좀 더 창의적인 생각과 행동을 이끌어 낼 수 있도록 관리가 필요합니다.

③ RPA 운영 시 오버헤드가 가장 힘들다고 하던데, 어떠한 오버헤드가 있나요?

RPA는 업무 처리에 있어 완벽한 무결성을 보장하기 힘듭니다. 그렇기 때문에 무결점에 가까운 운영을 위하여는 운영 담당자의 역할이 매우 중요합니다. 덧붙여서 운영되는 시스템의 상황 변화에 지속적으로 영향을 받는 특징이 있습니다. 어느 정도 RPA가 익숙한 단계에 이르면 새로운 개발에 대한 부담보다도 운영에 대한 부담이 더욱 커지는 것이 사실입니다. 이러한 점들 때문에 많은 회사에서 RPA 운영 부담에 대한 어려움을 토로하고 있습니다. 운영 부담을 최소화하기 위하여는 고품질의 RPA 프로세스를 작성토록 함과 동시에 숙련된 운영자 양성, 그리고 면밀한 RPA 모니터링과 운영 모델의 지속적인 업그레이드 작업이 필요합니다.

④ 예산은 얼마나 예상해야 하고, 어떤 부분에 들어가는지 알고 싶습니다.

RPA 프로젝트의 예산은 하드웨어 비용, 소프트웨어 비용^{구매 혹은 사용료 기준}, 개발 공수에 따른 비용으로 나누어 볼 수 있습니다. 사용료 기준으로 비용이 산정되는 RPA 소프트웨어의 경우에는 도입 규모에 따른 할인율에 따라 단가를 책정하게 됩니다. 당연히 규모가 큰 경우에 경제적인 효과가 커질 수도 있습니다. 개발 공수에 대한 인건비 부분을 살펴보자면 단순한 프로세스를 구축하는 경우와 고가용성 RPA 시스템을 구축하는 경우는 비용 규모 면에서 많은 차이점을 보일 수 있습니다.

간단히 말하자면 RPA 소프트웨어 비용은 운영 규모가 커질수록 구매 비용^{혹은 사용료} 단가가 떨어지고 개별 프로세스 개발에 투입되는 비용도 절감할 수 있습니다. 이와는 별도로 엔터프라이즈 레벨의 운영을 위한 추가적으로 공통 RPA 아키텍처 구축에 지출되는 비용이 발생하게 됩니다.

이런 비용 측면에서 모든 사항을 종합하여 보면 운영 규모가 커질수록 비용 절감 효과 또한 더욱 상승하는 것을 확인할 수 있습니다.

⑤ 빅뱅 방식이 좋은가요? 아니면 애자일 방식의 구현이 좋은가요?

RPA를 처음 도입하거나, 도입 초기에 있어 RPA에 대한 이해도가 낮은 기업은 일반적으로 애자일 방식의 RPA 도입 방식을 결정하는 경우가 많습니다. 이는 새로운 내용에 대한 이해도가 낮은 관계도 있고, 예산 등의 문제로 소규모로 진행하는 경우가 많습니다. PoC나 소규모 프로젝트를 수행하고 나면 RPA에 대한 이해도 향상 및 과제 선정 등에 대한 많은 노하우를 축적할 수 있습니다.

개발자 측면에서도 애자일 방식의 진행을 통하여 축적된 지식 및 자원의 재활용성 증대를 통하여 반복된 차수의 업무 진행 속도의 향상을 기대할 수 있습니다. 또한 신규 개발자나 신규 기획 담당자들도 기존의 자원의 재활용을 통한 높은 생산성 증대의 경험을 하게 됩니다.

다만 RPA 도입은 애자일 방식으로 진행할 시에 나중에 RPA 서비스로 전환을 요청한 업무의 경우 적용까지 걸리는 시간의 장기화로 기회 비용의 상실이라는 부정적인 효과가 발생할 수 있습니다. 이를 감안하여 해당 회사에 가장 적절한 방식을 선택합니다. 하나 더 말하자면 애자일 방식의 프로젝트 진행에는 조직의 피로도에 대한 고민이 필요합니다.

장기간 다수의 프로젝트 진행 시 RPA가 조직에 꼭 필요한 혁신 도구로 인식되지 못하면 부정적인 시각으로 바라보게 됩니다. 이를 극복하기 위해 디지털 트렌스포메이션의 필수 도구로 자리매김이 필요합니다.

⑥ 시작하기 전에 컨설팅이 필요한지 궁금합니다.

RPA 프로젝트 추진 시 외부 컨설팅이 필요하느냐의 여부입니다. RPA가 처음 도입되는 것이고, 범위가 넓은 경우에는 컨설턴트의 지원이 필요합니다. RPA 담당자가 익숙하지 않은 상태에서 부여된 임무의 실패를 최소화하기 위하여는 외부 컨설팅을 사용하는 것도 효과적일 수 있습니다. 외부 컨설턴트를 활용하는 경우에는 단순한 RPA 업무 적용에 국한하지 말고 프로세스 이노베이션에 대한 범위까지 포함해서 진행할 수 있도록 하는 것이 바람직합니다.

❼ RPA 시스템의 하드웨어 구성은 어떻게 하고 있습니까?

RPA 서버 시스템은 고가용성을 위하여 이중화 구성을 유지하고 있습니다. AP 서버, DB 서버는 모두 이중화 구성이 되어 있고 AP 서버 전에 L4 스위치를 배치하여 AP 서버 양쪽에 비슷한 업무 부하가 유지되도록 하였습니다. 서버의 구성 형태는 기업 간의 규모 차이만 있고 유사할 것으로 예상합니다.

RPA 로봇의 경우에는 물리적인 PC를 이용하여 RPA 업무를 수행하고 있습니다. 단계별 구축과 VDI 환경이 아닌 PC 형태의 RPA 로봇을 사용하게 되는 경우 운영 규모의 증가에 따라 RPA 운영환경을 변경 혹은 증설해야 하는 이슈가 반복적으로 발생할 수 있습니다. 물리적 PC로 구성하는 경우 운영 중인 RPA 로봇의 수에 따라 필요한 공간이 결정되지만 사무공간의 활용성을 감안할 때 처음부터 최종 목표 RPA 로봇 수용에 필요한 큰 규모의 운영 공간을 확보하기가 어렵습니다. 단계별 구축을 진행한다면 각 단계별로 운영 공간의 구성이나 이동 작업에 대한 부담을 최소화할 수 있는 방안을 고려토록 합니다.

❽ 품질에 대한 관리는 어떤 방식으로 하는가요?

RPA 소프트웨어 품질을 관리하는 수단은 내부에 측정 기준을 수립하고 그 기준에 따라 주기적인 모니터링 작업을 실시하는 것입니다.

품질관리 활동의 시기는 프로젝트를 진행 시에는 사용자 인수 테스트 시점이 되고 운영 단계에서는 주기적인 프로세스 품질 관리 활동 시점이 됩니다.

품질관리에 있어 가장 기본적인 지표는 RPA 프로세스의 처리 성공률과 처리 시간 측정으로 품질평가를 진행하도록 합니다. 두 개의 지표는 사내의 목표치를 가지고 있도록 하고 개발자나 사업자와의 관계에서 타협을 하는 대상이 아니고 공동의 목표를 달성하는 것으로 이해하도록 합니다. RPA 품질 관리의 소홀은 '깨진 유리창의 법칙'처럼 낮은 품질의 RPA 프로세스로 인하여 RPA 사용자들의 만족도가 낮아지고 RPA 활용도가 저하되어 다시 또 RPA 품질이 더욱 나빠지는 악순환의 형태를 나타낼 수 있습니다.

이러한 상황이 발생하지 않도록 RPA 관리자 그룹이 상시적이고 체계적인 관리 체계를 유지토록 합니다.

⑨ 과제 발굴하는 방식은 어떤 것이 좋을까요?

RPA 과제를 발굴하는 방식은 여러 회사의 사례를 보았을 때 대동소이한 측면이 있습니다. RPA를 담당하는 조직^{예를 들면 RPA CoE}에서 전 직원을 대상으로 RPA에 대한 설명회를 실시하여 가장 기초적인 수준의 이해도를 가질 수 있도록 지원하고 나서, 해당 부서에서 후보 과제를 추천하도록 합니다. 이렇게 추천된 과제를 대상으로 RPA CoE 담당자들이 RPA 구현에 적합한지를 판별하고, 적합 과제를 해당 부서 담당자와 함께 정제하고 나서 개발 요건화하는 단계를 거치게 되는 것입니다.

이런 방식이 많이 사용되는 이유는 RPA 적용 범위가 전 부서를 대상으로 하기에 RPA C.o.E가 지원하여야 하는 대상이 많지만 사용자 인터페이스를 근간으로 하기에 업무에 대하여 자세히 모르더라도 지원이 가능하다는 특징 때문입니다. RPA C.o.E가 주도적 역할을 수행하지만 좀 더 효과적으로 프로세스를 개선 적용하기 위해서는 해당 부서 담당자와의 긴밀한 협업 체계를 유지해야 합니다.

⑩ 어떤 RPA 소프트웨어가 좋은가요?

RPA 소프트웨어의 종류도 많고 개별 회사마다 최초 도입 시에 여러 가지 기준에 의거하여 RPA 소프트웨어를 선정하고 도입을 진행하게 됩니다. 각각의 RPA 소프트웨어에 차이점이 있는 부분은 사실입니다. 하지만 '어느 RPA 소프트웨어가 좋다'라는 관점에서 모든 문제가 RPA 소프트웨어 선택에만 달려 있다고 생각하는 것은 바람직하지 않다고 생각합니다.

단순히 RPA 소프트웨어 자체만을 활용하여 업무를 구현하는 경우에는 엔터프라이즈 레벨의 업무를 하기에는 많이 어려운 점이 있기 때문입니다. 이 책에서 기술한 RPA 아키텍처나 운영 모델 측면에서는 많은 고민을 통하여 RPA가 안정적으로 운영될 수 있도록 준비하는 것이 무엇보다 중요한 내용이라고 생각됩니다. '명필은 붓을 가리지 않는다.'라는 것처럼 결국은 사용자의 상상력이 RPA의 능력을 최대화할 수 있는 가장 중요한 요소라고 생각합니다.

⑪ RPA 소프트웨어는 하나만 선택해야 하는지요?

특정 회사에서 RPA 소프트웨어를 기존에 사용하던 것에서 다른 소프트웨어로 변경하였다는 소식을 종종 접하곤 합니다. 대부분의 사정은 기존에 사용하던 RPA 소프트웨어의 기능상의 문제로 새로운 소프트웨어를 선택하였다는 내용이고 기존의 소프트웨어는 추가적인 사용을 하지 않는다는 내용이었습니다. 하지만 위의 경우는 복수의 RPA 선택이 아닌 다른 RPA 소프트웨어의 전환이기에 논의 사항이 아닙니다. 복수의 RPA를 선택하는 것은 RPA 운영과 밀접한 연관이 되는 선택입니다.

하나가 아닌 복수의 RPA 소프트웨어를 사용하는 이유 중의 하나는 모두 잘 아시는 내용대로 RPA 소프트웨어에 대한 종속성의 해소 및 가격 협상 경쟁력의 확보 측면입니다. 또한 RPA 특성에 맞는 업무를 부여할 수도 있습니다. 복수의 RPA 소프트웨어를 운용하기 위하여 기업에서 감내하여야 하는 부분은 유지 보수에 대한 비용이 일부 상승하게 된다는 점입니다.

규모가 작은 RPA 업무를 운영하고 있는 시점에 두 개 이상의 RPA 소프트웨어를 선택하는 것은 심각한 비효율을 초래할 수 있습니다. 만약 회사에서 일정 규모 이상의 RPA 운영 규모를 갖추고 있다면 상기의 내용을 감안하여 전략적인 선택을 하면 됩니다.

⑫ 기술력의 내재화에 대한 부분은 어떻게 진행하는지요?

RPA의 내재화에 대하여 많은 기업에서 고민하고 있는 것으로 알고 있습니다. 개발 인력의 확보, 지속적인 프로세스의 개선 등 많은 점이 고민거리이고 해결해야 할 숙제입니다. 감히 말하자면 아직은 RPA 시장이 형성되는 초기 단계이므로 이런 시점에서 RPA가 기업 내에 내재화되지 않았다는 점에 너무 조급해할 필요가 없다고 생각됩니다. 일정 규모 이상으로 RPA를 사용하게 된다면^{저의 기준으로는 최소 100대 이상의 로봇} 이 문제는 내부에서 다른 많은 고민과 함께 어느 정도 그 해답을 찾아가게 될 것입니다.

이 문제가 대두되는 기업들의 대부분은 RPA 거버넌스를 IT가 아닌 부서에서 가지고 있는 경우가 많은데, 여기에서 파생되는 여러 가지 문제점 중의 하나입니다. 이러한 문제점은 RPA 환경이 성숙되면서 자연스럽게 해결될 수 있는 사항이라고 생각합니다.

⑬ 비정형 문서 처리가 어렵다고 하는데, 어떠한 부분을 고민해야 하는지?

비정형 문서 처리의 경우 현재 시점에서 여러 가지 풀기 어려운 기술적인 제약 사항이 있는 것이 현실입니다. 그렇다면 현재 시점에서 비정형 문서 처리 진행을 하여야 하는지 아니면 좀 더 기다려야 하는지는 사용자의 선택 사항에 달려 있습니다. 단지 비정형 문서 처리의 시작을 선택하는 시점에서 리스크가 어떠한 부분이고, 어떠한 기술적인 제약 사항이 있는지 정확한 분석이 필요합니다. 내용이 단순하지는 않지만 정확한 분석을 통하여 의사결정을 합니다. 많은 분들이 단순히 100%에 가까운 신뢰성이 아니라는 부분에 주안점을 두고 비정형 문서 처리의 도입이 현재 시점에 적합하지 않는다는 말씀을 하십니다. 현재의 비정형 문서 처리 기술이 무결성을 담보하는 시점에 이르지 못했다는 것은 모든 분들이 함께 하는 의견입니다. 하지만 업무량 부담과 리스크에 대한 정의가 면밀히 평가되고 여기에 따른 의사결정을 하게 된다면 비정형 문서 처리는 쉽게 포기하기 힘든 매우 비즈니스 효과가 뛰어난 과제입니다.

사용자 입장에서 생각해 보는 RPA 이야기

성공적인 RPA 플랫폼 구축 A to Z

1판 1쇄 발행 2021년 6월 4일

저　　자 | 이석배
발 행 인 | 김길수
발 행 처 | ㈜영진닷컴
주　　소 | (우)08507 서울특별시 금천구 가산디지털1로 128
　　　　　 STX-V 타워 4층 401호
등　　록 | 2007. 4. 27. 제16-4189

©2021. ㈜영진닷컴

ISBN | 978-89-314-6525-9

영진닷컴
프로그래밍 도서

영진닷컴에서 출간된 프로그래밍 분야의 다양한 도서들을 소개합니다.
파이썬, 인공지능, 알고리즘, 안드로이드 앱 제작, 개발 관련 도서 등 초보자를 위한 입문서부터
활용도 높은 고급서까지 독자 여러분께 도움이 될만한 다양한 분야, 난이도의 도서들이 있습니다.

스마트 스피커
앱 만들기

타카우마 히로노리 저 | 336쪽
24,000원

호기심을 풀어보는
신비한 파이썬
프로젝트

LEE Vaughan 저 | 416쪽
24,000원

나쁜 프로그래밍
습관

칼 비쳐 저 | 256쪽
18,000원

유니티를 이용한
VR앱 개발

코노 노부히로, 마츠시마 히로키,
오오시마 타케나오 저 | 452쪽
32,000원

하루만에 배우는
안드로이드 앱 만들기
2nd Edition

서창준 저 | 272쪽
20,000원

퍼즐로 배우는
알고리즘
with 파이썬

Srini Devadas 저 | 340쪽
20,000원

돈 되는
안드로이드
앱 만들기

조상철 저 | 512쪽 | 29,000원

IT 운용 체제 변화를 위한
데브옵스 DevOps

카와무라 세이고, 기타노 타로오,
나카야마 타카히로 저
400쪽 | 28,000원

게임으로 배우는
파이썬

다나카 겐이치로 저 | 288쪽
17,000원

멀웨어 데이터 과학
: 공격 탐지 및 원인 규명

Joshua Saxe, Hillary Sanders 저
256쪽 | 24,000원

바닥부터 배우는
강화 학습

노승은 저 | 304쪽
22,000원

유니티를 몰라도 만들 수 있는
유니티 2D 게임 제작

Martin Erwig 저 | 336쪽
18,000원